Marlotte 19 octobre 60

à Madame Mélanie Coury.

Je suis trop pauvre, ma chère et charmante amie, pour vous faire un cadeau de mariage. Vous n'êtes point femme d'ailleurs à attacher un prix à des babioles d'étalage. Je fais donc seulement ce que je peux. Vous savez combien je suis amoureux en vous de ce que je n'ai guère encore trouvé sous la robe uniforme de votre sexe — cœur généreux, esprit subtil — trésors que vous apportez aujourd'hui à votre mari. Mais je veux, moi petit, vous donner à ma guise un témoignage de mon affection. Depuis longtemps je rêvais d'écrire un livre philosophique. L'idée m'en est venue après une lecture de Gœthe. J'ai cru comprendre Werther et j'ai essayé de le continuer. J'ai écrit cela pour vous. Pour vous seule. J'ai essayé de faire une œuvre — Je vous la Donne parce que je pense qu'elle n'est pas indigne d'être lue. Faites en ce que vous voudrez. Si votre mari, comme il en a l'intention, fait un journal qu'il se serve de cela comme d'une propriété incontestable — les Michel Lévy de l'avenir n'auront rien à vous réclamer

votre meilleur ami
Henry Murger

Voulant vous épargner la peine de lire mon ignoble écriture, j'ai fait copier mon manuscrit. Sur quelques pages de cette copie j'appose ma signature pour certifier conforme à l'original détruit.

LE ROMAN

DU

CAPUCIN

PARIS. — IMPRIMERIE L. POUPART-DAVYL, RUE DU BAC, 30

LE ROMAN

DU

CAPUCIN

PAR

HENRI MURGER

※

PARIS
LIBRAIRIE INTERNATIONALE
15, BOULEVARD MONTMARTRE

A. LACROIX, VERBOECKHOVEN & Cⁱᵉ, ÉDITEURS
A Bruxelles, à Leipzig et à Livourne.

1869
Tous droits de traduction et de reproduction réservés

LE
ROMAN DU CAPUCIN

I

JOURNAL

. . . .

Après une longue journée de marche, je m'assis au bord de la route, sur un petit tertre, à l'ombre d'un olivier.

Le soleil avait disparu sous l'horizon; les cloches pleuraient l'*Angelus* dans l'air moite du crépuscule. La mer m'envoyait, par dessus la ville et les collines, ses brises âcres et fraîches, où vibraient assoupis les bruits lointains du monde auquel j'allais dire un adieu éternel; mais je ne voulais recueillir de ces rumeurs que le conseil de les fuir.

Je défiais la caresse de la nature, la tentation de la vie. Je concentrais tous mes regards sur la petite vallée où j'allais m'ensevelir, et je dévorais de la flamme de mon désir les murs blancs de mon dernier asile !

Adieu, mensonges dorés, fantaisies de l'enfer, joies creuses ! Mon âme immortelle n'est point faite pour vous ; je vous la reprends ! Humble retraite ! ouvre tes saintes solitudes à ce voyageur meurtri qui vient chercher le repos de ses fatigues, l'espoir de sa rédemption !

. . . .

—

Ne soyez point attristée, ô ma mère, de la résolution que j'ai prise. Je demande à votre tendresse de s'imposer cette séparation nécessaire à la guérison de votre enfant malade; je me mets en nourrice pour la vie du ciel. Si je dois vivre loin de vous pendant la courte durée de cette vie terrestre, mon cœur ne vous a point quittée ; il s'est, au contraire, plus rapproché du vôtre, pour rafraîchir sa fièvre à la source du seul sentiment sincère qui soit au monde : l'amour maternel. Je vous demande pardon des larmes que mon oubli coupable vous a coûtées.

Quand je me suis senti dépouillé de toutes mes croyances, trahi par toutes mes illusions, je me suis trouvé bien misérable de me rappeler seulement alors, dans mon naufrage, le port tranquille où votre sollicitude avait abrité mes jeunes années ; et Dieu n'a pas permis que je commisse cette dernière lâcheté de ne porter que mes flétrissures dans votre cœur, sans cesse ouvert à l'espérance de mon retour.

Ne pleurez donc pas sur moi, ma mère ; réjouissez-vous de ce qu'il m'a été permis d'aborder ici.

Jamais je n'aurais cru que cette humble vie du cloître eût de si larges horizons et des joies si pleines ! Je ne cherchais que le repos et l'oubli ; c'est le bonheur que je vais trouver. Je quitte la présomption puérile, l'orgueil mesquin, l'amour vain, l'amitié trompeuse; je rencontre la grandeur dans la simplicité, le rayonnement dans l'ombre, au foyer de la charité et de la foi!

. . . .

—

Notre couvent est situé au fond d'une vallée, à un demi-mille de la petite ville de R..., où chaque semaine, selon les règles de l'ordre, un des pères va recueillir les aumônes qui sont les seules ressources du monastère.

L'édifice est vaste; il a contenu cent religieux, il n'en renferme plus que vingt-trois.

Tout entier aux étonnements de ma nouvelle position et à la pensée des devoirs qu'elle m'impose, je n'ai pu jusqu'ici entrer en relation avec les Pères; ils sont encore pour moi des étrangers; mais, pour eux, je suis l'enfant prodigue, repenti, pardonné et aimé parce qu'il a souffert! O fraternité! c'est ici seulement que tu n'es pas un nom!...

Hier, le Père prieur m'a fait appeler dans sa cellule.

Le cœur me battait avec force; je tremblais d'une peur douce.

Le prieur est un homme d'une taille moyenne, au front sévère, aux yeux profonds, d'où les regards jaillissent en éclairs. Il m'a regardé; puis il m'a dit de commencer ma confession générale.

J'ai obéi, voulant désarmer ce juge par ma soumission et ma sincérité. La confession fut longue, minutieuse; je n'attendis pas une interrogation; je fouillai ma vie, j'étreignis mon cœur, je desséchai mes souvenirs.

Le prieur m'écouta silencieusement, patiemment! Quand j'eus fini, il me demanda s'il ne me restait aucun regret, aucun désir coupable; puis, après m'avoir absous, il me congédia. Il est peut-être bon que les choses se passent ainsi et que l'on habitue l'âme du néophyte à se relever elle-même.

En traversant le jardin pour rentrer chez moi, j'ai voulu m'approcher de deux Pères qui causaient, assis sur le petit mur du *Campo Santo*. Ils se sont éloignés vivement dans les corridors. Cet incident m'a attristé ; il me semble que les religieux me fuient; pourtant, je les vois très-liés entre eux... Je m'étais fait aussi une plus haute idée d'une entrevue avec le prieur! J'attendais de lui de l'onction et de la force; il m'a écouté, mais il ne m'a rien dit.

J'ai remarqué également que les Pères s'éloignent de deux novices qui sont arrivés depuis peu au couvent, et avec lesquels j'ai fait ce matin une petite promenade. Je suis plus tranquille. Ce n'est pas de l'éloignement que j'inspire, c'est une tendre pitié. Les Pères redoutent que, tout imprégné encore des souvenirs du monde qu'il quitte à peine, mon cœur n'ait des retours qu'ils ne veulent pas troubler. Ma solitude est une pénitence. . . . . .

. . . .

L'hiver vient; les feuilles tombent; Noël est la fête que j'espère! Autrefois j'en attendais d'autres à l'approche de cette saison! Les

Pères sont très-occupés. Une foule de contadins et de fermiers des environs se presse pour les confessions.

—

Devant faire seul la prochaine tournée de quête, j'ai accompagné ce matin à la ville un des religieux.

Je ne saurais dire l'âge de ce Père. C'est un homme gras, trapu, fleuri, gonflé de santé et de quiétude. Ses yeux brillent parfois comme la lanterne de Diogène, et parfois se voilent dans l'extase, comme la lampe du sanctuaire, enveloppée d'opale. On ne sait jamais, quand il marmotte entre ses dents, si c'est un cantique ou une chanson qui sollicite sa piété ou sa gaieté.

Contre mon attente, il ne m'a adressé aucune question en route, et notre conversation a roulé sur des lieux communs. Nous nous arrêtions aux portes des maisons pour recevoir les aumônes dans un grand sac de toile, où l'on jetait pêle-mêle des vivres et de l'argent.

Comme nous traversions une petite place, une voix appela :

— Padre Guglielmo !

Nous nous retournâmes, et nous aperçûmes, au balcon d'une maison d'assez belle apparence, une jeune dame qui nous faisait signe d'entrer.

En même temps nous entendîmes tirer la corde de la porte.

— Vous pouvez monter, me dit le Père Guillaume, voyant que je me disposais à l'attendre sur la place.

Je m'efforçai de n'être pas surpris ; la maison avait un air décent et la jeune dame aussi ; mais la jeune dame était bien jolie ; il est vrai que la maison avait un aspect de bien-être qui promettait à la charité.

Nous montâmes. La jeune dame nous offrit du vin. Il paraît que c'est l'usage ; pendant que je vidais le second verre, la jeune personne s'entretint à voix basse avec le Père. Je ne voulais pas écouter, mais quand on devient moine, paraît-il, on perfectionne ses sens pour la plus grande gloire de Dieu ; quelle réponse à faire aux impies !

J'entendis donc qu'il s'agissait de mariage, de formalités, de certains papiers nécessaires ; le nom d'André revint plusieurs fois. Le Père était renversé sur sa chaise et la jeune dame s'appuyait au dossier, pour causer avec lui.

— Patience, *bambina*, dit le Père Guillaume en se levant et en prenant, avec une familiarité singulière, le menton de son interlocutrice, patience ! Tout cela va bientôt finir. En attendant, sois ferme... et sage surtout ! ajouta-t-il avec un gros rire.

Ce rire me blessa. La sagesse ne se recommande pas comme un verre à boire.

Nous nous retirâmes. En revenant au couvent, je pensais à cette jeune dame. J'ai dit au Père :

— C'est un mariage, n'est-ce pas, qui se prépare ? Il y a un retard pour les papiers. Les jeunes gens s'impatientent. Il est difficile de persuader à deux amants de différer les noces.

Le Père Guillaume s'arrêta court, se mit à

rire d'un rire bruyant et terrible qui secouait tout son être, puis il continua, d'un ton joyeux, en reprenant son chemin :

— Ceux-là ont le temps d'attendre pour se marier ! On les mariera à Pâques ou à la Trinité, à moins qu'on ne les marie pas du tout.

Le ton cruel, moqueur, du Père Guillaume, que j'eusse trouvé cynique sans ma position de néophyte, m'étonnait de plus en plus.

— Comment, lui dis-je, n'avez-vous pas dit tout à l'heure à cette demoiselle : Patience, tout cela va finir ?

— Sans doute, je lui ai dit cela.

— Eh bien ! la fin ? c'est le mariage...

— Le mariage n'est pas une fin, jeune homme; c'est un commencement.

Et le Père Guillaume continua son rire implacable.

Je le regardai alors attentivement, du coin de l'œil, tout en marchant, comme si je le voyais pour la première fois, et je le vis mieux. C'était toujours le même personnage, rond, rubicond, avec ses petits yeux vitreux et son indescriptible béatitude ; mais ces yeux-là avaient je ne sais quelles irradiations cyniques, et, à travers ce sourire placide, je crus voir flamboyer le dard d'un aspic.

Je ne pus dormir, malgré de longues prières cherchées dans mon cœur ou lues dans les livres ; toute la nuit, j'entendis le Père Guillaume ricanant et disant à la jeune femme dont il prenait le menton : Sois sage, *bambina!*

Sage? quelle recommandation faite à une honnête fiancée, et quelles paroles dans la bouche d'un moine! le sourire de la jeune fille en écoutant était aussi mystérieux que le rire du Père Guillaume était brutal.

Mon isolement devient plus complet chaque jour ; les religieux continuent à se tenir loin de moi, le prieur lui-même semble partager l'antipathie que j'inspire.

II

Aujourd'hui j'ai fait seul la tournée de quête.

Comme je passais dans une rue qui longe la préture, de bruyants éclats de voix et de rire me firent lever la tête. Cette joyeuse rumeur s'échappait par les fenêtres d'une grande maison noire, à un seul étage, avec un balcon qui coupait la façade.

Je plains ceux qui rient trop fort; j'ai ri beaucoup dans ma jeunesse. Je me demandai quels étaient les oublieux de la vie qui croyaient vivre en s'amusant. La porte s'ouvrait sur un grand péristyle sombre, et j'aperçus au fond, près de l'escalier, une statue de plâtre supportant un flambeau allumé, à la lueur duquel je pus lire le mot : ACADÉMIE, peint sur le mur, au-dessus d'une main à l'index tendu.

C'était une maison de jeu, d'orgie, de folie ; je me signai et je continuai mon chemin. A quelques pas, je fus violemment heurté par un jeune homme qui sortait avec impétuosité du tripot. Le choc fut si rude que je dus m'arrêter et m'appuyer au mur.

Cependant le jeune homme, soit que son agitation l'empêchât de m'apercevoir, soit par pure indifférence, ne se retourna pas et s'élança dans la rue, alors déserte, en manifestant un grand trouble.

Bientôt remis de ce petit incident, après m'être dit que j'avais été heurté par un joueur décavé, je continuais ma route, et déjà je ne pensais plus à la maison noire, ni au coup, ni au jeune homme à qui je le devais, lorsque je me retrouvai tout à coup en face de celui-ci, à la porte de cette maison dans laquelle le Père

Guillaume et moi nous nous étions arrêtés, lors de notre dernière tournée.

On tira la corde et j'entrai. Le jeune homme, trouvant sans doute que je ne montais pas assez vite, à son gré, se mit à enjamber plusieurs marches à la fois, et fut ainsi bien avant moi sur le palier.

J'entendis ouvrir une porte et je reconnus la voix de la *demoiselle*. Lorsque je fus entré à mon tour, la jeune fille m'invita poliment à m'asseoir, pendant qu'elle irait chercher les provisions qu'elle me destinait.

Je pus alors examiner à mon aise le jeune homme qui se promenait dans la chambre.

Il paraissait avoir vingt-deux ou vingt-trois ans environ. Ses cheveux blonds révélaient son origine germanique. Ses yeux bleus étaient errants, inquiets ; mais quelle douceur profonde ne gardaient-ils pas à celui qui voulait y plonger son regard de sympathie dans les heures de repos, de calme? Grand, d'allure distinguée, vêtu avec une élégance simple, qui était, non un effort ou une vanité, mais une manifestation logique de sa conscience, il plaisait par sa candeur visible; il effrayait par le trouble que trahissait toute sa personne.

— Je vous présente mon fiancé, me dit la demoiselle en rentrant. Vous voyez, mon Père, dans quel trouble l'a jeté la mauvaise volonté de monseigneur...

— Dites son hypocrisie, interrompit le jeune homme avec véhémence.

— Excusez-le, mon Père, reprit la jeune fille avec un sourire qui n'était pas exempt d'un certain effroi; c'est la colère.

Puis, s'adressant au jeune homme :

— Calmez-vous, mon cher André, lui dit-elle d'une voix mélodieuse, calmez-vous! Patience !

M. André ne répondit pas; il secoua la tête et continua sa promenade à pas redoublés dans la chambre.

— Hélène! appela une voix bêlante dans une pièce voisine. La jeune fille sortit.

J'aurais dû me retirer, puisque j'avais reçu ce que j'étais venu chercher. Pourtant, je restai, obéissant à un sentiment instinctif. Mon habitude des hommes et mon expérience des passions qui les agitent ouvraient en ce moment à mon esprit un vaste champ d'observations.

Mais avant que j'eusse essayé de me poser le problème de la destinée de ces deux beaux jeunes gens, je fus frappé par cette conviction éclatante, que l'agitation du jeune homme était vraie, que la tendresse de la jeune fille était feinte.

S'il eût fallu préciser, expliquer les raisons déterminantes de cette conclusion, j'eusse peut-être été embarrassé. Mais j'entre dans un monde où la foi s'impose et ne se raisonne pas. Et puis j'apporte du dehors une croyance inébranlable au magnétisme des premières impressions.

Quelques minutes après, j'avais la preuve de ma perspicacité. La demoiselle rentra et dit à André que sa mère désirait lui parler. Le jeune homme quitta la chambre, et je restai seul avec Hélène. De quel regard elle le suivit !

— Povero! murmura-t-elle, il me fait de la peine!

Je tressaillis; ces mots avaient été dits avec une pitié mêlée d'amertume et de colère. Je me souvins des singulières paroles du Père Guillaume à propos de ce mariage; je considérais comme une faute de laisser dans le cœur de celui de ces deux amants qui était sincère, une espérance qui ne devait point se réaliser; et pourtant je me sentais fort embarrassé pour engager la conversation sur ce point délicat. Dès que je voulus parler à la jeune fille, je balbutiai; je m'égarai dans des banalités sentencieuses sur le danger des sympathies mal étudiées, sur la jeunesse imprévoyante, sur l'amour; sot que j'étais de me donner tant de peine!

Hélène était aussi empressée de me tirer d'embarras que je pouvais l'être d'interroger sa conscience. Elle me dit, en s'approchant de moi et en croisant ses beaux bras sur sa poitrine :

— Cela ne peut pas durer longtemps ainsi,

mon Père ; ce garçon a une gravité qui m'épouvante.

— Pourquoi, ma fille ?

Hélène eut un rire silencieux, et fronçant ses sourcils :

— Vous croyez donc que je n'ai pas de cœur ?

— Je ne dis pas cela, ma fille.

— Alors vous devez comprendre ? Oh ! c'est horrible ! Pauvre André, il mérite d'être heureux.

— Il le sera... si vous le voulez, répliquai-je.

Hélène parut stupéfaite de mes réflexions, puis je vis son œil s'agrandir comme si elle reconnaissait avec stupeur qu'elle avait fait une confidence à un ignorant pris mal à propos pour un complice.

L'épouvante dont elle parlait se peignit dans sa pâleur ; elle fut tentée de me donner une explication ; ses lèvres palpitèrent pendant une seconde et se fixèrent impassibles, muettes, dans un sourire d'orgueil et de dédain.

A mon tour d'être épouvanté. Que se passait-il donc ? Hélène, le Père Guillaume, André, le prieur, se confondaient dans ma tête.

Hélène est grande, brune, d'une beauté franchement italienne, avec la fascination qui attire, la volupté qui enivre, la fermeté qui impose. Toutes les ardeurs de la jeunesse éclatent dans ses yeux noirs pleins de fierté ; et sa bouche a des inflexions navrantes qui flétrissent les rêves allumés par les yeux. Son visage, d'une rectitude classique, mais d'une coloration pour ainsi dire moderne, est le masque d'une statue antique posé sur la chair vivante d'une femme enfiévrée : sa voix, tour à tour tendre, sonore, fébrile, doit parcourir admirablement toute la gamme de l'expression humaine, depuis la cantilène amoureuse jusqu'aux notes vibrantes de la tempête.

Hélène ne pouvait empêcher que je n'eusse entendu des paroles qui ne devaient point être dites devant moi ; mais s'il lui était impossible de les reprendre, elle allait essayer d'en atténuer l'effet, quand André revint pour changer la situation et diminuer l'embarras commun.

Il paraissait plus calme; il dit à voix basse quelques mots tendres à Hélène; je me levai et je sortis en emportant ma besace; je ne voulais plus assister à cette profanation de la tendresse; j'entendis André qui descendait derrière moi; nous marchâmes quelques instants côte à côte, dans la rue; puis je le vis entrer dans une maison de belle apparence sur la porte de laquelle je lus ces mots en grosses lettres jaunes sur fond noir : *Mosès Egler*, banquier.

Je fus lent à revenir au couvent. Le Père Guillaume m'attendait sans doute avec impatience; il m'ouvrit, et me dit aussitôt :

— J'ai oublié, quand vous êtes parti, de vous prévenir que la règle défend expressément aux frères quêteurs d'entrer dans les maisons, à moins d'y être appelés. Ils doivent recevoir les aumônes aux portes.

— C'est ainsi que j'ai fait, pourtant...

— Vous êtes entré chez quelqu'un?

— J'ignorais la règle... et vous-même m'aviez donné l'exemple.

— Chez Hélène, n'est-ce pas?
— Précisément.
— Vous avez eu tort, reprit le Père d'un ton très-aigre; une simple raison de bienséance, bien que vous ignorassiez la règle, devait vous empêcher d'entrer dans cette maison.
— La bienséance ! répétai-je avec surprise, n'était-elle que pour moi ?

Le Père Guillaume me jeta un regard féroce et disparut. Il était allé me dénoncer.

III

Je sors de chez le prieur.

Il m'a reproché sévèrement ma réponse au Père Guillaume, et, lorsque j'ai osé répliquer que les paroles désobligeantes du Père avaient provoqué cette réponse, il a pâli, s'est levé, et, essayant de me dominer de toute sa hauteur, bien que je fusse de sa taille :

— Il ne s'agit point ici de convenances mondaines, s'est-il écrié, mais de soumission hiérarchique ; c'était assez de manquer, par votre présence dans la maison d'Hélène, au respect de votre nouveau caractère, sans nous donner le scandale de votre insubordination.

Devinant que j'ouvrais la bouche pour demander ce qu'était cette demoiselle Hélène si dangereuse pour moi seul, il reprit avec vivacité :

— Vous avez encore un pied dans le monde, il faut l'en sortir promptement et ne plus songer qu'aux devoirs de votre position. Vous présenterez vos excuses au Père Guillaume, et s'il les agrée...

— Je ne ferai point cela, ai-je répondu.

— Prenez garde !

— A quoi donc ? J'ai des excuses à attendre du Père Guillanme ; je n'ai point à lui en adresser.

Je ne me dissimulais pas la hardiesse de mes paroles, mais il n'y a pas encore assez longtemps que je suis moine. Ma fierté humaine était offensée et se révoltait.

Je m'attendais à une explosion d'anathèmes. Le visage du prieur se détendit, au contraire. Était-il content de sentir une conscience libre et fière sous la bure, ou bien espérait-il que, revenu à la soumission complète, je serais d'autant plus intrépide dans mon vœu que j'aurais été plus rebelle à le prononcer?

Il me regarda quelques instants en silence et me dit ensuite :

— Retirez-vous dans votre cellule, vous y recevrez mes ordres.

A peine étais-je rentré qu'on vint pousser les verrous extérieurs de ma porte.

. . . .

. . . .

Ma situation est intolérable, ma raison et ma dignité se refusent à la supporter. Je n'aurais donc fait que tomber d'un état misérable dans un état honteux ?

Je veux que le prieur pénètre dans l'intimité de ma pensée. S'il a l'ombre de la charité, il aura pitié des ténèbres dans lesquelles je me débats.

Je lui écris. Ma lettre sera le dernier cri de mon cœur. Ou je me soumettrai si on m'éclaire, ou je chercherai quelque autre abîme plus profond, plus sourd, plus mortel que celui-ci pour m'y précipiter et m'y engloutir.

Je raconte ma vie, mes espérances, l'opinion que je m'étais faite de la vie religieuse, et je termine ainsi :

« — Je vous en conjure, mon Père, ne me laissez pas au deuil de ce désenchantement qui me menace, le plus cruel de tous, puisqu'il ébranle le seul sentiment qui soit resté ferme au milieu de mes tempêtes. Soutenez ma foi qui chancelle, sauvez mon âme qui s'égare ! »

J'ai frappé à ma porte pour appeler quelqu'un qui portât ma lettre, un des Pères est venu. C'est un vigoureux jeune homme de campagne, attaché aux humbles fonctions de frère servant. Il a sur la figure une sorte d'extase en permanence, qui est comme la consigne du soldat. Ses yeux sont toujours prêts à se lever, à faire l'exposition du saint sacrement de sa conscience, et en même temps quelque chose de peureux se trahit dans le mouvement de ses lèvres. On dirait qu'il tremble d'être puni s'il ne paraît pas ravi.

Je le priai d'entrer. Il hésita, et jeta un regard inquiet de chaque côté du corridor. Il portait par-dessus sa robe un grand tablier de toile avec un coin duquel il s'efforçait de nettoyer un crucifix de cuivre rongé de vert-de-gris. Il y avait dans les bras du Christ de quoi empoisonner toute la communauté.

Je demandai au frère servant s'il voulait bien se charger de porter la lettre au prieur. Il me répondit que le prieur était sorti, pour aller sans doute chez monseigneur Vicaire; puis, baissant la voix et rougissant beaucoup, il me dit en confidence, effrayé presque de son audace :

— Vous avez eu une scène?

J'attendais de ce brave garçon un service, et je pouvais tirer de sa naïveté un éclaircissement; je lui répondis donc, avec une effusion dont il parut touché :

— Oui, une scène très-fâcheuse, puisqu'elle me vaut l'incarcération.

— Oh! répliqua-t-il vivement, vous êtes bien heureux...

— Heureux! pourquoi?

Il courba la tête et envoya son souffle avec

effort sur le crucifix qu'il continua de nettoyer.

— Un autre, continua-t-il, n'en aurait pas été quitte à si bon compte; il serait allé...

— Où donc ?

Le pauvre homme roula autour de lui des yeux effarés, et me jeta vivement, comme s'il se fût débarrassé d'un poids énorme, ces mots :

— L'*in pace!*

— Quoi! m'écriai-je, en faisant un mouvement de surprise et d'horreur, ce que l'on raconte est donc vrai ?

— Oui.

— Vous l'avez vu ?

— Oh! non, pas moi! et il frissonnait; mais dernièrement le Père Hyacinthe... il est mort... Pauvre Père Hyacinthe !

Dans son trouble, il cracha sur le crucifix et se mit à frotter avec énergie.

En ce moment, un bruit de pas retentit sur l'escalier.

— On vient ! reprit-il, vite, votre lettre !

adieu! ayez du courage, soyez docile, l'*in pace!*

Je lui tendis ma lettre; il sortit; mais dans sa précipitation, il n'oublia pas toutefois de pousser les verrous extérieurs de ma porte.

L'*in pace!* le Père Hyacinthe!... Mon Dieu! que se passe-t-il ici?

A quatre heures, on vint me chercher pour me conduire dans l'appartement du Père prieur. Je le trouvai assis devant une table comme à son tribunal, à côté d'un prélat portant à sa boutonnière le ruban violet du canonicat.

Je me sentis pris d'un indéfinissable mouvement de stupeur, devant cette nouvelle figure. Pour la première fois, je compris cette loi mystérieuse qui fait souvent d'un seul homme le résumé, la synthèse de plusieurs animaux.

Il y avait à la fois de la bête féroce et de l'oiseau dans la tête du prélat, quelque chose de farouche et de benoît qui rappelait la statue d'Osiris à tête d'épervier.

— Monseigneur Vicaire! me dit le prieur.

Je m'inclinai devant mon supérieur et devant la grande autorité de la ville.

Je m'attendais à des paroles dures, à une voix injurieuse. J'entendis une musique. Des sons suaves, plus mélodieux qu'un chant de flûte, caressèrent mon oreille. C'était doux comme le bruissement des feuilles agitées par la brise ou le murmure des petites vagues qui lèchent la grève, dans les nuits sereines de la Méditerranée.

Monseigneur Vicaire parlait.

Je ne pus distinguer les paroles, tant la suavité de cette voix m'absorbait, et je ne devinai que le vicaire m'avait parlé que par un mouvement de la tête qui sollicitait ma réponse.

— Pardon, monseigneur, lui dis-je un peu troublé, je n'ai pas compris.

Et je prêtai cette fois toute mon attention.

Le vicaire reprit du même ton :

— Je vous ai dit que je suis vivement et paternellement affecté de votre insoumission aux bienveillantes injonctions de votre révérend prieur, dont le cœur, redoutant la contagion

2.

de votre exemple sur son troupeau, m'a confié les chagrins qu'il ressent à votre sujet.

Je répondis, avec toute l'humilité dont je me sentais encore capable, que j'étais prêt à remplir mes devoirs, et j'osai assurer monseigneur que je croyais, dans la circonstance actuelle, ne m'être pas écarté de ce que je devais à ma propre dignité et au caractère du grand prieur. En même temps, je regardais celui-ci comme pour l'inviter à formuler nettement ses plaintes et ses griefs. Mais il était renversé dans son fauteuil, les yeux impassiblement levés au plafond; il suivait le vol des anges dans un ciel invisible.

— Je sais mon fils, reprit avec la même suavité d'intonation monseigneur vicaire, je sais qu'il faut imputer vos égarements à l'éducation vicieuse que vous a donnée le monde plutôt qu'aux sentiments de votre cœur. Voilà pourquoi notre révérend prieur s'est abstenu de toute punition rigoureuse envers vous; voilà pourquoi je veux moi-même, avec toute l'indulgence que nous recommande notre sainte mère l'Eglise, vous avertir et non vous frapper.

Le vicaire me fit alors un long discours sur la soumission, sur la douceur de l'existence monastique, qui, au lieu d'enchaîner les individualités, les laissait libres, pourvu qu'en se prêtant docilement à la règle elles maintinssent cet ordre extérieur, cette harmonie de surface indispensable à la concorde et à l'édification du monde profane. Quelle joie d'être débarrassé, par la discipline, de tout ce que le libre arbitre peut avoir de gênant, pour n'en conserver au fond de l'âme que les douceurs !

Le souci de la direction incombe aux chefs, aux supérieurs ; les moines, exempts de toute préoccupation, débarrassés de toute responsabilité, reçoivent, en échange de cette soumission qu'on attend d'eux, une existence aimable, confortable, paisible...

— L'Église, dit en terminant monseigneur Vicaire, n'exige de vous, mon fils, aucun renoncement pénible; loin d'imposer un joug à vos aspirations, elle leur ouvre, au contraire, un champ vaste. Pourvu que vous payiez honnêtement, religieusement, votre tribut aux formes extérieures, notre Sainte Mère vous laisse la liberté de conscience la plus absolue, non par indifférence pour votre salut, mais parce que la seule purification du saint lieu où vous avez le bonheur de vivre et les indulgences qui y sont attachées suffisent à votre rachat, par l'expiation et les mérites de Notre-Seigneur Jésus-Christ.

— *Amen!* cria le prieur avec ravissement.

Je gardai un profond silence; c'était véritablement dans un *in pace* mortel que je descendais, ou plutôt que j'étais précipité. Quoi! c'était là tout le mystère?...

Le vicaire reprit bientôt avec un air de satisfaction :

— Je vois que vous m'avez compris; vous êtes un homme d'intelligence; vous pouvez attendre beaucoup de nous, si nous vous trouvons bien disposé. Qu'il ne soit donc plus question de ce qui s'est passé, mon cher fils, et allez en paix.

Il me tendit sa main que je baisai, — c'était la règle, — et je sortis.

Non, je n'ai pas compris; non, je ne veux pas comprendre. Apres douceurs du sacrifice, voluptés du renoncement, n'êtes-vous donc que l'assoupissement de l'être? On m'a parlé de tout, excepté de ce qui m'intéressait.

Après tout, je suis un insensé! Qu'ai-je voulu, en venant frapper à cette porte? Me dépouiller de ma conscience, qui m'avait perdu, me décharger du fardeau de moi-même? Tout n'est-il pas à souhait? Obéir à l'Église, adorer Dieu, n'est-ce pas ce que je désirais? Tout est bien ainsi.

Quelle peut être cette belle jeune fille? Il n'en a pas été question devant monseigneur le vicaire; et pourtant, c'est elle qui est cause de mon indiscipline; c'est à elle seule que je dois indirectement ce beau sermon qui m'éclaire, qui me pénètre de clartés...

. . . .
. . . .

Ah! je sais tout. Arrière les fantômes dont

mon esprit était peuplé! Les Pères me comprennent et m'aiment maintenant. Moi aussi, je les comprends; je ris de mes folles terreurs passées, et c'est l'âme refroidie, que je commence le récit des aventures d'André.

IV

> Tu porterai novelle di sospiri
> Piene di doglia e di molta paura,
> Ma guarda che persona non ti miri,
> Che sia nemica di ge til natura.
>
> Guido Cavalcanti.

La maison Mosès Egler, établie à R... depuis cinq ans, s'était créé, par la probité de ses opérations, une position solide parmi les meilleures banques de la province.

Quoiqu'il ne fût pas riche, Mosès avait pu, à force d'adresse et d'audace, c'est-à-dire d'honneur et d'intelligence, dominer sinon apaiser tout à fait l'orage soulevé autour de lui par la nuée de petits prêteurs qui dévoraient la ville et les campagnes. Le succès est un grand avocat.

Le juif eut bientôt une clientèle considérable et des amis aussi nombreux que ses clients; mais il ne se fit jamais illusion sur le sourire de la fortune : il se tenait en garde contre l'impopularité. L'enfant d'Israël devait à sa race, non-seulement l'instinct merveilleux avec lequel il profitait de la bienveillance de ses partisans et des maladresses de ses détracteurs, mais aussi cette défiance, cette crainte des revers, qui tient à dix-huit siècles de persécution; il restait toujours sur la défensive. Il riait, toutefois, en songeant que la prospérité de sa maison était le résultat, pour moitié, des fausses manœuvres de ses ennemis autant que de son habileté personnelle.

Ses détracteurs, en répandant son nom dans toute la province comme un épouvantail, l'avaient singulièrement grossi et faisaient ressembler Mosès à ces planètes dont le volume paraît doublé par leur propre irradiation.

Sur ce champ de bataille où il se dressait en vainqueur, le juif jetait donc par instants des regards précautionneux, inquiets. Avait-il peur seulement des ombres?

Alliée aux grandes familles sacerdotales, dépositaire des fonds monacaux, des biens capitulaires de la province, la maison Deffely frères avait livré à Mosès un combat terrible, acharné, lui disputant chaque pouce de terrain, chaque écu de sa caisse.

Le juif, patient et rongeur, avait grignoté d'abord, puis dévoré les obstacles, ne pouvant les renverser, et, peu à peu, rétrécissant le cercle des opérations de la banque ecclésiastique, il avait fini par l'étouffer dans son or. Le supplice avait sa consolation ; mais les banquiers ne se consolent jamais. Mosès savait cela, aussi, tout en régnant désormais seul, il sentait, lui vainqueur, la menace du cadavre de son ennemi vaincu, et il restait armé contre les représailles du mort.

Peu de temps après l'établissement définitif de sa maison, Mosès, qui s'était imposé l'obligation de ne recevoir dans ses bureaux aucun employé des banques rivales, fit venir d'Allemagne, en qualité de caissier, un jeune homme qui lui était recommandé par des maisons de Francfort.

André était le fils d'un ministre évangélique de la Souabe. Il avait grandi sans désirer sortir jamais du cercle étroit qui circonscrivait sa vie. Instruit par l'exemple paternel à trouver le bonheur dans l'acceptation résignée de la part que Dieu nous donne, il avait laissé fleurir toutes les facultés de sa jeunesse sur le sol de la Bible, ne pensant pas qu'elles dussent être transplantées.

L'existence douce et pauvre du presbytère dans quelque village ignoré, voilà toute l'ambition d'André. Ce devoir s'était transformé, dans sa pensée, comme une espérance du paradis terrestre. Heureuses les âmes qui colorent ainsi les fardeaux et s'en font des ailes d'azur !

André était une de ces natures abstraites qui se croient faites uniquement pour la vie pratique, parce qu'elles la transportent dans la vie idéale; qui acceptent tout parce qu'elles planent au-dessus de tout, et qui, avec leur foi naïve, leur bonne volonté enthousiaste, se préparent à d'effroyables martyres.

Ces âmes, poétiques sans le savoir, n'ont qu'une sérénité extatique qui disparaît avec l'extase. Tourmentées, inquiètes, fatales, elles ont un charme de prédestination qui émeut par avance. On les admire en les plaignant et sans oser les avertir, car le conseil serait précisément la catastrophe, puisqu'il ouvrirait l'abîme de la réalité sous les pas de ces enivrés du ciel.

André perdit brusquement son père, et vit fuir, avec le dernier soupir de ce maître vénéré, tous ses projets d'avenir. Le pasteur n'avait que son traitement pour vivre et pour aider à l'éducation de son fils. Sa mort laissait André sans ressources. Quand celui-ci eut acquitté les frais d'enterrement et les quelques petites dettes du défunt, il eut à peine de quoi payer son voyage jusqu'à Francfort, où un frère de son père consentait à le recevoir en qualité de commis dans sa maison de commerce.

L'oncle était un avare et un égoïste. Il lui paraissait commode, au lieu d'un commis à payer, d'avoir son neveu gratis; il ouvrit donc les bras à l'auxiliaire utile qui le dispensait d'ouvrir sa caisse. André, si naïf qu'il fût, comprit bien vite ce calcul; il en accepta les conséquences comme il eût accepté un bienfait; mais en dépit de sa volonté, de sa résignation, le chagrin empoisonnait son travail.

Le premier coup de fouet de la vie avait fait une plaie à son âme; il ne pouvait s'arracher aux souvenirs du passé. Sa mélancolie augmentait chaque jour. La froide boutique lui semblait un enfer; il ne s'était résigné qu'au purgatoire. Ses mains restaient inertes sur les paquets du marchand. L'oncle s'aperçut qu'il s'était trompé; il s'avoua à lui-même que la bienfaisance était une duperie; il ne songea plus qu'à se débarrasser d'une bouche inutile, en se jurant bien qu'on ne le reprendrait plus à faire le bien. Son commerce le mettait en relation avec quelques banquiers de Francfort. Il apprit bientôt que Mosès demandait un caissier à ses correspondants, et il s'empressa de proposer André, qui fut accepté.

Ce fut le dernier triomphe de la libéralité d'Harpagon.

L'oncle dit à André qu'il était touché de son chagrin. Le voisinage de la Souabe ne pouvait qu'entretenir cette tristesse ; il n'hésitait pas, l'excellent oncle, à sacrifier ses intérêts au bonheur du fils de son pauvre frère, en lui offrant une position honorable dans un pays éloigné de tout ce qui avivait sa douleur filiale.

André ne témoigna ni peine ni joie de ce départ. Peu lui importait l'Allemagne ou l'Italie ! Dans sa pensée, il avait vécu la portion heureuse de son existence ; celle qui lui restait encore à parcourir, en quelque endroit qu'elle dût s'écouler, lui apparaissait d'avance stérile et sans soleil.

Il ne connaissait de l'Italie que sa position géographique. Il n'avait lu aucune description pompeuse des voyageurs empiriques, qui regardent froidement une toile de Scheffer et s'agenouillent avec béatitude devant une pierre du Colysée. Il arrivait avec les sentiments naïfs de sa jeunesse, noyés dans la tristesse de ses malheurs récents. Mais de tous les pays du monde, l'Italie était celui qui convenait le moins à cet enfant méditatif de l'Allemagne.

Il venait y respirer la *mal'aria* morale, funeste aux natures comme la sienne, et plus pernicieuse mille fois que l'air pestilentiel des Marennes.

Isolé dans la petite ville de R..., autant par son ignorance de la langue que par son titre d'étranger, André passait tout le temps que lui laissait son travail en promenades solitaires dans les belles vallées qui entourent la ville. Il demeurait, pendant les longues heures du soir, assis sous un olivier de la route, la pensée abîmée, le regard perdu dans la contemplation de nos magnifiques couchers de soleil, ébloui par les teintes du ciel, par les nappes diamantées des cascatelles où des nuées de libellules aux corselets d'émeraude venaient mouiller leurs ailes.

Puis tout à coup, comme une pluie d'étoiles, les feux des lucioles étincelaient dans le crépuscule autour de lui, et de quelque *casin* du voisinage une phrase de Bellini ou de Verdi joignait sa mélodie énervante à la féerie lumineuse.

Alors d'étranges sensations remuaient l'âme d'André. Sa pensée se ramassait, se condensait, cherchait vainement une formule d'adoration vague et pourtant plus précise que le parfum des champs, que la mélodie des airs. Il se levait brûlant, chancelant, ivre de sa jeunesse inconnue, et il courait se jeter sur son lit, où il s'agitait jusqu'au jour sans pouvoir trouver le sommeil.

Il avait pris une chambre à l'auberge du Coq-d'Or, la seule auberge passable de la ville, mais où rien n'était fait pour distraire sa mélancolie. A peine si quatre fois par mois il lui arrivait de dîner en compagnie de quelques paysans qui amenaient des veaux au marché du jeudi.

Mosès l'avait reçu poliment et froidement. André avait compris tout de suite qu'en dehors des rapports forcés du bureau, aucun lien d'affection ne s'établirait entre son patron et lui. Le cœur du financier était comme sa caisse : il ne s'ouvrait qu'aux échéances.

Sur l'almanach de son cabinet, Mosès soulignait habituellement certains anniversaires néfastes, auxquels il donnait une journée de deuil et de soupirs, après quoi il fermait sa tendresse à double tour, jusqu'à la date prochaine. Rien ne venait donc tirer André de l'assoupissement dangereux où son esprit contemplatif et sa solitude l'engourdissaient de plus en plus.

Un jour qu'il rentrait à l'auberge, vers midi, pour dîner, il fut étonné de ne pas voir son couvert à la place où on le mettait d'habitude.

Après avoir inutilement appelé l'hôte, il se rendit dans la cuisine, où il trouva le propriétaire du Coq-d'Or, suant, soufflant devant un feu d'inquisiteur, et occupé à embrocher des volailles. Sur la table s'étalait un dessert insolite de crêmes et de pâtisseries. Le Coq-d'Or méritait ce jour-là sa réputation.

Un marmiton stupéfait contemplait d'un œil ébloui ces merveilles gastronomiques et se demandait si le carnaval était déjà revenu, puisque le classique *presciutto* et le macaroni traditionnel ne suffisaient plus.

L'hôte, après avoir joui de l'étonnement silencieux de son pensionnaire, prit enfin la parole, et, du ton mystérieux d'un alchimiste occupé au grand œuvre :

— Un peu de patience, monsieur André. dit-il, nous avons du monde, du beau monde, on a mis le couvert au salon. Vous mangerez avec *ces dames!*

— Bien, dit André, vous me préviendrez quand le dîner sera servi.

Pour gagner sa chambre, il dut traverser la salle commune, contiguë à la pièce que l'aubergiste appelait fastueusement « le salon » à cause, sans doute, d'un vénérable clavecin sur lequel on empilait d'ordinaire les serviettes, les jours de marché, et qui servait de lit, au besoin, pendant la foire.

En passant près de la porte, André entendit vibrer les cordes du vieil instrument, et un bruissement de soie l'avertit que ces dames étaient là. Il entra chez lui, tout ému, tout peureux, quand l'hôtelier vint lui dire que l'on était servi, il sortit pommadé, brossé, cravaté d'une façon extraordinaire.

Le digne cuisinier, voulant montrer en quelle considération il tenait ses hôtes, et prouver qu'il savait monter son auberge, bien digne d'un meilleur sort, au ton des personnages qui l'honoraient de leur présence, ouvrit avec fracas les deux battants de la porte du salon, et annonça :

— Monsieur André !

Le jeune homme salua deux dames déjà assises à la table, et prit place devant son assiette où fumait le potage.

André jugea à l'âge de ces dames et à certaines analogies entre elles, que l'une était la mère de l'autre, et, à la pureté de leur langage, il reconnut qu'elles étaient étrangères au pays.

Vers le milieu du dîner, la plus âgée, interrompant subitement sa conversation avec l'autre, adressa une question à André.

Il ne possédait encore de la langue italienne que quelques mots usuels avec lesquels il pouvait, en s'aidant d'une pantomime féconde, exprimer strictement sa pensée, mais qui ne lui permettaient pas d'engager une conversation.

Il trouva donc toute prête la phrase qui lui servait en pareil cas, et dit :

— *Non parlo italiano.*

— *Deutsche?* demanda vivement la dame.

— Oui, oui, répondit-il en rougissant de joie, que je suis heureux que vous parliez ma langue, madame !

— J'ai habité quelque temps l'Allemagne.

— Oh ! je vous en conjure, reprit-il avec ardeur, comme s'il eût réclamé une grâce énorme, veuillez me traduire la question que madame m'a adressée pour que j'aie l'honneur d'y répondre.

— Vous avez, sans le savoir, très-bien répondu, monsieur. Ma mère vous demandait si vous êtes étranger; nous voyons que, comme nous, vous êtes de passage.

— Pardonnez-moi, j'habite cette ville.

Ils se mirent à parler de son pays qu'il aimait tant. La jeune dame amena la conversation sur les arts et les lettres en Allemagne, par opposition à l'Italie. Elle nommait Gœthe, Schiller, Wieland, Dante, Tasse, Métastase et Foscolo; elle rappelait une phrase de Verdi qui rappelait la manière de Weber. Mais la *Dernière pensée* valait, disait-elle, toutes les mélodies du maëstro italien, excepté pourtant *la Traviata*. Oh! la Traviata! Elle adorait Werther, et lui demanda son avis sur *les Dernières lettres de Jacques Ortis*...

Tout cela était jeté, au hasard, pêle-mêle, avec une aisance de langage, une abondance sonore de noms qui pleuvaient sur le pauvre garçon, comme le bouquet d'un feu d'artifice.

Lui qui ne connaissait en philosophie que le père Buffier, en littérature que la Bible, en musique que les cantiques de Luther qu'il avait accompagnés sur l'orgue de son église, il se trouva confus devant cette prestigieuse érudition, et, pour ne paraître ni sot, ni ridicule, il eut recours au procédé des âmes honnêtes, la vérité.

Il avoua ingénument ce qu'il avait été et ce qu'il était, ce qu'on lui avait appris et ce qu'il savait, peu de choses, mais suffisantes jusque-là.

La jeune femme le pria de jouer sur le clavecin un hymne de Luther qu'elle lui indiqua, et tirant de sa poche un élégant carnet :

— Je veux la noter, dit-elle.

— J'aurais honte, madame, dit André ; c'était bon pour mon village, mais devant vous qui avez un si grand talent... J'oserais plutôt vous prier de me faire entendre un de ces beaux morceaux que vous avez cités.

— Volontiers, monsieur, mais cette serinette s'y prêtera mal. J'essaierai pourtant... après vous.

— La bonne grâce de cette promesse était un ordre impérieux. André se mit au clavecin et plaqua les accords de l'hymne; puis, entraîné par la fascination de l'habitude, par les souvenirs du bon temps, il entonna le plain-chant.

La jeune dame notait l'air à mesure.

— Merci, monsieur, dit-elle lorsqu'il eut fini, vous chantez avec sentiment, vous m'avez fait plaisir. Maintenant, que vous jouerai-je? Voulez-vous du Verdi?

— Vous avez parlé tout à l'heure d'un opéra, je ne sais lequel, à propos de Weber...

— Ah! la *Traviata* de Verdi, précisément; soit, monsieur.

Elle se mit en place.

D'abord, ses doigts nerveux et agiles, tourmentant à la fois toutes les touches du clavier, firent éclater les cordes en fusées chromatiques qui ébranlèrent la vieille boîte de sapin. La dure et rauque épinette, obéissant à ces mains puissantes, se dérouilla, s'assouplit sous la grêle d'arpèges qui la fouettaient, puis, l'ouragan de gammes s'éteignit peu à peu, et une mélodie étrange s'éleva dans l'accalmie en notes cristallines et suaves; c'était le fameux passage (*ha ! della Traviata*, etc.) où Verdi a élevé l'âme de Violette jusqu'au paradis.

André écoutait haletant, l'oreille tendue, la bouche ouverte, ne voyant ni l'instrument ni l'artiste, plongeant dans un azur qui le pressait de toutes parts, incertain d'être éveillé.

— Est-ce possible? murmura-t-il quand la jeune dame se leva. Quelle est cette musique? Oh! que c'est beau!

Il aurait voulu être seul, il avait besoin de pleurer. La jeune dame remarqua son émotion.

— Vous aimez beaucoup la musique, à ce que je vois, dit-elle; si nous ne devions partir tout de suite, je me fusse empressée de vous être agréable.

— Vous partez?

— Dans deux heures.

— Ah! fit-il; puis après un moment de silence, il dit :

— Alors je ne vous reverrai plus... Il faut que je retourne à mon bureau.

Il restait debout devant elle, confus, indécis, ne sachant s'il devait sortir ou rester.

La vieille dame se leva.

— Eh bien! reprit la musicienne, monsieur.....

— André, madame.

— Eh bien! monsieur André, gardez toujours en vous cet amour du beau; cultivez-le; il peuplera votre solitude. Je suis sûre que vous avez une belle âme, ajouta-t-elle en lui tendant la main (une main fine et blanche comme il n'en avait jamais vu en Souabe).

Il la prit et la serra doucement.

— Adieu dit-elle.

— Adieu, mesdames!

Il quitta précipitamment le salon et se jeta dans l'escalier. Mais au lieu de suivre la rue qui conduisait directement à la Banque, il prit un chemin opposé et marcha rapidement vers la campagne.

Il arriva au bureau en retard d'une heure.

Il s'assit au pupitre, tira des bordereaux du casier et se mit à limer ses ongles. La chaleur était insupportable. Le soleil, dardant à plomb dans la rue, embrasait l'air qui pénétrait en bouffées suffocantes par les fenêtres ouvertes, comme par des gueules de fournaises.

On entendait dans le bureau le bourdonnement des mouches, les plumes courant sur les paperasses et, brochant sur le tout, les ronflements du Juif endormi sur son fauteuil de cuir.

André s'étendit sur sa chaise, allongea les jambes et regarda le plafond.

Jamais le bureau ne lui avait paru si fastidieux, les clercs si insupportables de sottise, la figure de Mosès si plate ; il se sentait de triste humeur, ennuyé, inquiet.

En quittant le bureau, le soir, pour rentrer chez lui, il passa par la grande rue, et entra chez le libraire : il choisit des dictionnaires, des cahiers et donna la commission de faire venir la partition de la *Traviata*.

Lorsqu'il traversa la grande salle de l'auberge, il vit la porte du salon entr'ouverte. Son cœur battit violemment ; il s'arrêta, écouta, et, n'entendant rien, il se décida à entrer.

Le salon était vide, la table était enlevée : une grosse pile de linge couvrait l'épinette. La chambre avait repris son aspect normal, triste, nu, et ne gardait aucune trace de cette matinée qui l'avait un instant transformée. André, l'œil errant sur les murs, sur le parquet, sur les siéges, s'étonnait de n'y point voir l'image de sa pensée. Ah ! son cœur ne la réfléchissait que trop.

Cette journée y avait gravé son souvenir en caractères qui ne s'effaceraient plus.

Le lendemain il demanda à son hôte :

— Quelles étaient ces dames ?

— Je n'en sais rien.

— Où allaient-elles ?

— Je l'ignore.

— Reviendront-elles ?

— Je ne le crois pas.

André soupira.

Puis il pensa en lui-même : J'aime mieux ne les revoir jamais !

Hélas ! il se perdit peut-être pour avoir été exaucé.

V

Quelque temps après arriva la Fête-Dieu. André fut tout étonné du prestige qu'exerçaient sur lui des cérémonies si éloignées de ses principes religieux. Il ne pouvait détacher ses yeux des processions brillantes, du feu des cierges, de l'or des chasubles et des ostensoirs, des vêtements blancs des jeunes filles. Il fécondait non ses idées contemplatives, mais tous ses sens, et il trouvait, dans ces splendeurs du culte, des étincelles dont s'alimentait le brasier grandissant en lui.

Il sentait qu'il touchait à une heure suprême; qu'une révolution imminente allait se faire en lui; mais d'où viendrait-elle? en l'attendant il avait peur de faire entrer dans le chaos de sa pensée la lumière de sa raison.

Il s'était arrêté à une phrase enchanteresse d'un livre sublime ouvert tout à coup devant lui; son âme y restait suspendue, comme à un rêve céleste; dans la crainte de voir l'illusion s'évanouir, il maintenait sa pensée immobile et n'osait tourner la page.

Un matin, le libraire apporta à l'auberge la partition de la *Traviata*, qu'il venait de recevoir. André feuilleta fiévreusement le cahier pour trouver le fameux passage, puis il courut au salon, renversa les serviettes et souleva le couvercle de l'épinette. Avant de s'asseoir, il eut soin de pousser le verrou de la porte; il voulait être seul; il craignait d'être vu; il tremblait comme à un premier rendez-vous d'amour; il aurait voulu poser une sourdine sur les cordes, pour qu'elles ne portassent qu'à ses oreilles seules les sons qu'il allait en tirer.

Il eut quelque peine à déchiffrer la phrase. Habitués aux graves fugues de l'orgue, ses doigts s'embarrassaient dans la modulation capricieuse des notes profanes. Cependant le chant se dessina, timide et incorrect sous ses mains malhabiles, mais résonnant dans tout son être en délicieuse harmonie, comme si les marteaux du clavier eussent frappé sur son cœur.

Violette se dégagea du cerveau d'André dans sa mélancolie élégiaque, et soudain, par une de ces intuitions mystérieuses qui, aux heures marquées par Dieu, jettent dans l'âme des torrents de lumière, il se sentit emporté dans des sphères rayonnantes; une immense éclaircie déchira ses ténèbres; un jour nouveau, splendide, se répandit autour de lui et le transfigura. La grande révélation de la nature venait de le pénétrer; son âme s'ouvrait comme les pétales d'un lys exhalant son parfum aux cieux.

Les fenêtres étaient ouvertes sur les jardins de l'auberge; les oiseaux chantant sur les arbres, les fleurs tournant au soleil leurs corolles épanouies mêlaient leurs senteurs et leurs voix qui s'élevaient comme un concert de reconnaissance et d'amour vers le créateur sublime. Tout était ivresse, harmonie, lumière; la terre irradiait aux yeux éblouis d'André. Vingt ans éclataient dans le matin de sa vie avec leur rire sonore, leurs ardeurs et leurs voluptés.

Volez, volez, années légères dans les chemins fleuris, dans les vallées ombreuses, moissonnez chaque épi, emportez toutes les fleurs à brassées pleines, l'hiver va venir!

Mais, quand ses doigts d'airain auront déchiré vos fraîches parures, quand son souffle glacial aura éteint votre soleil et fané vos joies, leur souvenir, surgissant comme un feu Saint-Elme dans vos nuits sans étoiles, réchauffera encore vos jours engourdis. Jouissez! nulle volonté, nulle puissance, ni celle de Dieu, ni celle de l'homme, ne pourront vous arracher les ivresses goûtées et faire que ces heures éternellement lumineuses n'aient point sonné.

. . . .
. . . .

En prenant la résolution de n'admettre dans

ses bureaux aucun employé des banques rivales, Mosès avait consulté moins ses intérêts que son bien-être; car, si en choisissant dans la ville des employés déjà au courant des opérations financières du pays, il eût pu s'épargner les grands frais qu'avait nécessités leur venue, il avait sagement appréhendé que des commis indigènes se changeassent en autant d'espions, attachés secrètement aux intérêts de leurs anciens patrons, et dont il eût été obligé de surveiller constamment les démarches.

Quoiqu'il fût loin de penser à quitter les affaires, Mosès sentait le besoin d'un employé fidèle, dont il pût faire en quelque sorte un second lui-même; il avait attaché ce poste de confiance à l'emploi de caissier, et ne s'était décidé qu'avec peine, malgré des recommandations qui étaient presque des cautions, à confier cette responsabilité à un jeune homme de l'âge d'André. Cependant, au bout de quelques jours, il s'était persuadé qu'il trouverait une meilleure garantie dans l'inexpérience naïve de ce jeune homme que dans l'expérience de certains autres, et il s'était mis à étudier soigneusement le caractère, les goûts et les habitudes de son caissier avant de s'ouvrir à lui.

Affable, bien élevé, honnête, intelligent et ponctuel, André réunissait précisément les qualités que Mosès désirait trouver en lui; mais la nature positive, pratique du Juif ne pouvait comprendre absolument l'esprit rêveur et idéaliste du commis. Le banquier avait pris d'abord pour un insurmontable dégoût de sa position la tristesse qui n'était, chez André, que la conséquence de ses mélancolies contemplatives.

Il craignit que ce phénix des employés ne lui échappât, au moment même où il voulait se l'attacher définitivement. L'oncle de Francfort avait même été secrètement informé de l'appréhension du Juif; et il la partageait, frémissant à la pensée de voir son neveu lui retomber sur les bras.

Ce fut avec un inexprimable contentement que le banquier remarqua le changement extraordinaire opéré dans la personne d'André;

le jeune homme se livra avec ardeur au travail du bureau, étudiant sérieusement l'italien et la musique. Il était gai, souriant, heureux. Mosès n'en revenait pas. Celui-ci voulut, en profitant de cette transformation, la rendre complète, définitive, et attacher invinciblement son caissier à sa caisse, par une preuve de confiance qui serait une suprême habileté.

Un matin donc, qu'André arrivait au bureau, Mosès le pria d'entrer dans son cabinet. Là, après avoir donné à la conduite et au travail du jeune homme des éloges d'autant plus flatteurs qu'ils étaient rares dans la bouche du juif :

— Dorénavant, lui dit-il, vous ne me rendrez les comptes de la caisse qu'à la fin de chaque mois; cela simplifiera votre travail, mon cher monsieur; mais vous aurez à veiller sur d'autres détails dont je veux me reposer sur vous. J'ai acheté près d'ici un petit *casin*, où je me propose de passer les belles saisons, et je désire que vous me remplaciez à la Banque pendant mes absences. Mais, ajouta-t-il en souriant, il ne serait pas juste que la nouvelle responsabilité dont je vous charge, et le surcroît de soins qu'elle exigera, n'eussent point leur rémunération ; j'augmente vos appointements de deux cents francs par mois. Continuez à servir mes intérêts avec probité ; je me charge de votre avenir.

André remercia son patron avec effusion. Décidément la vie lui mettait des ailes. L'âme, les sens, la raison, tout était en éveil. Le soir même, il jeta à la poste une lettre pour Francfort, dans laquelle il apprenait à son oncle cette bonne nouvelle.

A quelque temps de là, des affiches placardées dans la ville annoncèrent qu'une compagnie lyrique venait donner des représentations au théâtre. L'impresario dans le compliment d'usage au *colto publico* et *all' inclita Guarnigione,* chantait merveille de ses principaux sujets, pour le choix desquels il n'avait reculé devant aucun sacrifice. Un ballet devait encadrer les pas de la *tanto rinomata Zephirina,* première ballerine du San Carlo de Naples, de la Pergola de Florence, de la Scala de Milan et autres lieux.

Il n'en fallait pas tant pour faire monter à des prix excessifs les clés des *palci* qui se rouillaient depuis un an dans les armoires des propriétaires, et le jour où une immense pancarte, suspendue à une corde, en travers de la rue du Théâtre, annonça la première représentation d'*Il Barbiere di Siviglia*, toutes les loges étaient louées.

André se garda bien de manquer une si belle occasion de se produire au milieu de la société de R... il retint à cet effet une belle loge de premier rang, près de la scène, et parut seul, ganté de frais, dans son *palco*, au coup de baguette de l'ouverture.

Il était peu connu à R..., tant sa vie était retirée et secrète. On savait que Mosès avait un caissier étranger, et ce titre seul eût suffi pour faire le vide autour d'André, si sa nature même ne l'eût tenu à l'écart.

Mais le théâtre en Italie donne le prestige aux particuliers, plus peut-être qu'il ne donne la gloire aux artistes ; c'est avant tout un lieu de parade où s'étale la vanité bouffie. Le prix d'une loge, souvent arraché aux nécessités de la maison, est pour les Italiens le tarif de la considération. L'échelle sociale est graduée sur la superposition des loges.

Le respect de ce ridicule est poussé à un tel point, que des amis liés par la plus sincère affection, arrivés au péristyle du théâtre, fractionnent leur amitié selon la distance de leur loge respective, et c'est à peine si *du piano nobile,* une dédaigneuse inclinaison de tête répondra au plat salut envoyé de l'étage supérieur. Ce mépris s'étend du second étage au troisième, et de celui-ci aux dernières. Avoir l'entrée de quelques principaux *palci*, se promener de l'un à l'autre en fredonnant un passage de l'opéra en vogue, critiquer les toilettes et médire du prochain, c'est le genre par excellence, le critérium du bon ton. A R.., un billet d'entrée de huit sous et des amis dans les loges, suffisent pour consacrer un gentleman accompli.

Il n'est pas rare dans la vie que les meilleures qualités du cœur et de l'esprit créent des ennemis avant de susciter des amis. André, sans le savoir, était haï des jeunes gens de son âge, de ses égaux, qu'il dépassait par la simplicité, par l'intelligence, par l'amour du bien et du travail, son titre d'étranger l'avait rendu suspect, ses mérites le livraient à toutes les égratignures de la jalousie provinciale. La tourbe des commis de la poste, du télégraphe et du chemin de fer avait juré de rendre la vie dure à cet insolent qui était venu remplir un emploi agréable, honorablement rétribué, quand ils devaient gratter des paperasses depuis l'aube jusqu'à l'Angelus du soir, pour deux francs.

Dans le petit café où ils se réunissaient après les travaux du jour, ils crachaient à l'envi sur toutes ses actions surveillées ou soupçonnées. On l'épiait, on savait où il allait, ce qu'il faisait. On se liguait pour le calomnier, l'isoler des réunions et des fêtes. Ils s'acharnaient après lui avec une rage d'autant plus envenimée qu'il semblait plus indifférent.

4.

André ne les méprisait pas ; ils l'eussent mieux aimé ; il ne les comptait même pas ; il ignorait leur existence ; il les coudoyait sans les apercevoir, eux qui donnaient le ton, qui réglaient les bals, eux, la fine fleur de l'Académie !

Et voilà qu'il osait, cet étranger, ce mal venu, en dépit de leur *veto* souverain, apparaître brillant, le front radieux, dans une loge d'avant-scène, à lui ! Voilà qu'il se produisait de lui-même, qu'il attirait l'attention, que de beaux yeux dardaient sur lui leurs flammes !

C'est qu'il était charmant, le misérable, avec son beau visage ouvert, son absence de coquetterie, son ignorance des belles manières de la ville. Il avait les mains fines, les cheveux soyeux ; il portait avec une aisance pleine de grâce, son élégante redingote à collet de velours, tandis qu'eux, les fashionables, cachaient leurs pattes sales dans des gants parfumés d'essence, et dissimulaient leur linge fauve sous des paletots retournés.

Ainsi leurs menées sourdes, leurs calomnies,

leurs manœuvres pour le faire honnir et mépriser, allaient devenir inutiles, car il était hors de doute qu'il lui suffisait de paraître, pour entraîner tous les suffrages et décider l'opinion en sa faveur.

La physionomie ne trompe que les sots : l'âme de l'homme est écrite sur son front pour tous les yeux qui savent y lire. Celle d'André l'illuminait, elle répandait sur lui l'éclat de sa splendeur originelle. Il avait le front pur, l'œil doux et limpide, le rire sincère. Aucun vent mauvais n'avait soufflé sur cette tête vierge.

Ah! il devait payer chèrement son triomphe d'une heure. La coalition sinistre qui se forma contre lui date de cette soirée mémorable.

Trois jours après la représentation du *Barbier*, André reçut à son bureau une invitation à un bal, de la part des dames Deffely, nièces de Mgr Vicaire.

VI

Il trouva réunie dans les salons de ces dames la société qu'il avait vue au théâtre. Quand il entra, il y eut un silence et tout aussitôt des sourires ; c'était l'émotion de la sympathie qui se manifestait ; peu à peu, on l'entoura, on le complimenta : il était heureux, étonné, ravi ; il ne se défendait pas contre ces mains tendues.

On lui dit de danser, et lui qui ne savait pas danser, il alla inviter une belle jeune fille qui semblait l'attendre, la plus belle de la réunion. Quand elle posa son joli bras blanc sur le sien, il tressaillit ; il regarda si elle avait la main aussi petite que la dame qui lui avait révélé la musique profane; la main était plus petite encore; mais on devinait sous le gant qu'elle était admirablement modelée.

Était-ce une illusion ? Il sembla à André que l'air de la danse était tiré de la *Traviata*, et qu'il effleurait, dans son élan sacrilége, la douce mélodie à jamais gravée dans son cœur. Comment, en dépit de la profanation, ne pas danser sur cet air-là ?

Après le quadrille, André entra dans un petit salon contigu à la salle de bal. Il y vit des messieurs et des dames assis autour de petites tables rondes, couvertes de cartes et de fiches d'ivoire. Fatigué de la danse, il s'assit sur un grand canapé placé contre le mur, et regarda jouer. D'abord il s'étonna de l'attention que chacun prêtait au hasard qui rangeait et dérangeait les cartes.

Comment de graves personnes pouvaient-elles se distraire de ces combinaisons absolument fortuites? Puis, peu à peu, sa curiosité s'éveilla ; il sentit qu'il y avait dans le jeu une dépense de la vie, une image de la passion.

Il remarqua que des gens pâlissaient à certaines cartes, que d'autres injuriaient la déveine et applaudissaient à la veine; il sourit, et il ne fut plus si étonné.

— Les païens! se dit-il seulement.

Près de lui, sur le même siége se trouvait un invité qu'il voulut prendre à témoin d'un coup merveilleux survenu dans une partie de cartes, mais dont la physionomie singulière l'impressionna tout à coup vivement.

Vu à deux pas, ce personnage paraissait âgé d'une quarantaine d'années; mais si on le regardait de près, son front montrait une infinité de petites rides; et des fils blancs, aussi nombreux que des fils noirs, empêchaient le parti pris de sa chevelure. Ses lèvres étaient si étrangement contractées, qu'on ne savait pas si c'était par une expression sarcastique ou par une disposition particulière de la bouche. Pour ajouter à l'énigme de cette physionomie bizarre, l'inconnu portait des lunettes à branches d'or, dont les verres bleus masquaient entièrement son regard.

La porte, ouverte à deux battants en face d'eux, laissait voir les danseurs, et dans le fond, sur une estrade, le piano que touchait un maigre jeune homme à tête chauve.

Tout à coup, le monsieur aux lunettes se mit à rire aux éclats, et s'adressant à André :

— Regardez ce pianiste, monsieur, ne vous semble-t-il pas voir une tête de mort?

En effet, par un singulier accident de lumière, le crâne lisse du musicien se trouvait fortement éclairé, en même temps que la proéminence excessive de son front répandait une ombre épaisse sur ses yeux profondément enfoncés. L'illusion était complète.

— Ceci me rappelle, continua le monsieur, un tableau que j'ai vu à Bâle, tableau philosophique : on l'appelle *la Danse macabre*.

— J'en ai vu la gravure, dit André.

— N'est-ce pas frappant? Seulement pour vous, monsieur, le rapport avec le tableau s'arrête au musicien ; vos yeux de vingt ans ne voient pas, dans les mouvements gracieux de ces groupes, les contorsions des danseurs d'Holbein ; les miens, au contraire, les y retrouvent ; ils percent ces habits noirs, ces fraîches mousselines et les squelettes du tableau leur apparaissent dans leur nudité sépulcrale.

— Voilà un singulier rapprochement à propos d'un bal, dit André en souriant.

— Croyez-vous, monsieur, répliqua le personnage aux lunettes ! J'ai toujours regardé le bal comme la plus violente satire de la vie, et je gage que dans deux minutes vous penserez comme moi. Figurez-vous qu'à un coup de théâtre magique, comme cela se pratique dans les théâtres, les personnages qui s'agitent dans ce bal sont soudainement, à leur insu et pour vos yeux seuls, dépouillés des oripeaux qui les couvrent, et que vous les voyez sauter nus, à la cadence de cette pitoyable musique ; les postiches se détachent, le fard s'efface, les faux cheveux tombent ; brassards, cuissards, ventrières, toutes les contrefaçons orthopédiques disparaissent. O jubilation des jubilations ! quel spectacle! les minauderies de ces dames, les galanteries de ces messieurs, les sourires de ces lèvres roses, puis, ces torses difformes qui se balancent, ces jambes cagneuses qui se tordent!... Vous avouerez que jamais farce pareille n'a dilaté votre rate, et que c'est désopilant à faire rire des statues!

Quand vous avez vu cela, monsieur, il ne vous reste plus rien à voir, rien à connaître : vos humanités sont complètes. Vous avez pénétré l'arcane de la vie ; et dix secondes passées au trou de ce kaléidoscope de votre pensée vous ont plus appris que toute la scolastique des bouquins ne pourrait vous en montrer. Ceci est profondément vrai...

André, stupéfait, écoutait sans comprendre ; mais cette philosophie lui répugnait ; il voulut balbutier une objection, l'homme aux lunettes bleues continua, emporté par son idée fixe :

— La vie est une mascarade de forçats. Le monde est un bagne dont la mort seule limite la durée. La terre pivote sur le mal ; le bien n'est qu'un accident. Les hommes passent, les sociétés se renouvellent comme les générations des feuilles : avril les fait naître, automne les emporte; mais tenez l'œil au tronc, qui ne meurt pas. Vous commencez à vivre, monsieur, pénétrez-vous bien de ces vérités. C'est une science que je vous enseigne; je l'ai chèrement acquise et je vous la donne pour vraie, car elle est expérimentale. J'ai soixante-dix ans, monsieur, et j'ai fait trois fois le tour du monde. Partout j'ai vu la même comédie, le décor seul changeait. Voulez-vous être heureux? Débarrassez-vous de la gêne des sentiments. Secouez votre sensibilité comme de la vermine; fermez votre cœur, ouvrez les yeux et entrez dans la vie comme dans un théâtre, convaincu que vous assistez à un diorama, que ce que vous voyez est une féerie, que tout cela est faux, que c'est du clinquant et que les tableaux qui voudraient vous émouvoir sont comme les flammes de trois-six des bons génies de l'Opéra. Frottez l'humanité à rebrousse-poil. Sous ces grimaces, sous ce fard, sous ces passions, sous ces charités, sous ces héroïsmes, vous trouverez ce qu'il y a sous la couverture de satin de ce dur canapé, du foin! Poussière, fumier, pourriture, c'est l'essence de tout. Nous venons de la corruption et nous retournons à elle. Peut-être que les roses qui couronnent les fronts de ces jeunes filles sont nées de la cervelle d'un idiot, et que le chardon qu'un âne dévorera demain s'est nourri du suc d'un grand homme.

Le vieux monsieur s'arrêta pour reprendre haleine.

André se mit à le regarder d'un air stupéfait, cherchant à lire sur son visage, s'il avait parlé sérieusement.

Désappointé par l'immobilité de cette figure impassible :

— Vous avez prodigieusement d'esprit, lui dit-il, et votre satire est spécieuse; mais vous conviendrez cependant, monsieur, que, si imparfaite qu'elle soit encore, la société actuelle est en progrès!

— Je le nie, reprit vivement l'homme aux lunettes. Le beau progrès que le triomphe du mesquin sur le grandiose, que l'avénement du *moi.* Nos sentiments ont la mesure de notre taille ; des joujoux nous amusent ; des riens nous étonnent ; nous nous payons de mots. Nous avons de petits casins que nous nommons des châteaux, des jardinets bien peignés que nous appelons parcs ; nos journaux commentent des vaudevilles, et nous nous drapons fièrement de notre nullité ; nous croyons être à l'apogée de la civilisation humaine, tandis que des misérables meurent de faim aux portes de nos églises gorgées d'or ! Et nous parlons avec dédain des temps de ténèbres où vivaient les anciens ! Les anciens qui, le soir d'une bataille, pour se reposer la main, élevaient des trophées sur lesquels s'use encore la dent des siècles, et dans les sables brûlants de l'Afrique construisaient les chemins que nous foulons aujourd'hui ! Nous montrons orgueilleusement nos jardins zoologiques, où bâillent de pauvres bêtes efflanquées ; les vieux faisaient traîner leurs chars par des tigres. Nous vantons la munificence d'un souverain qui fait cent louis de rente à un poëte ; les convives de Jules César recevaient, au dessert, les titres de propriété des provinces qu'il avait conquises, et qu'il leur offrait comme nous donnons un cornet de dragées. Nous assistons avec terreur aux jongleries d'un dompteur qui soufflette un ours; Titus, pour amuser le peuple, jetait cinq cents lions dans le cirque à l'inauguration du Colysée. Ah! laissons dormir les grands morts! Nous, égoïstes, avares, haineux, hypocrites, vaniteux et ratatinés, avec nos petites maisons, nos petits chemins de fer, nos petits feux d'artifice, nos petits théâtres, nos petits grands hommes, nous ressemblons à ces magnifiques trépassés, comme un hanneton à un aigle.

— Oh! Monsieur, s'écria André, en se reculant d'effroi, vous êtes affreusement pessimiste! vous ravalez une nation civilisée à la condition des bêtes féroces!

— Ne calomniez pas les bêtes féroces, jeune homme. Ce sont leurs relations avec l'humanité qui les ont rendues méchantes. Sont-ce les bêtes qui ont érigé la destruction en métier, inventé la poudre, et fait boire à la terre plus de sang qu'elle n'a jamais bu de rosée ? Les bêtes sont sincères ; elles ne peuvent, comme l'homme, cacher la colère sous le sourire, et le sourire sous la colère !

— Si ce tableau était vrai, il serait horrible ; il arracherait des larmes de sang.

— Au contraire, mon enfant, il fait rire ; voilà le secret de la vraie philosophie. Imitez-moi. Prenez une bonne place au parterre de la comédie. Regardez les marionnettes et riez.

— Vous êtes heureux ? demanda le jeune homme au comble de la terreur.

— Considérablement ! Je m'amuse... dans dix ans, avant de mourir je me marierai ; je serai cocu, et je goûterai ainsi la dernière et la plus haute félicité à laquelle il soit possible d'atteindre dans *cette vallée de larmes.* Ces choses-là sont un peu sérieuses pour vous, jeune homme ; je le conçois. Vous allez au piége et vous n'y êtes pas encore tombé. Mais gardez dans un coin, dans le grenier de votre mémoire, ces conseils qui vous profiteront plus tard. En attendant, défiez-vous de ces jolies femmes, elles ont des griffes; et de ces hommes stupides, ils ont le génie de la sottise. Vous êtes une proie, soyez sur vos gardes. Amusez-vous et dansez... Je vais me coucher.

Le monsieur se leva, toucha amicalement le bras d'André et sortit du salon.

André resta quelques instants accablé. Il ne croyait pas un mot des théories désespérantes de son interlocuteur, mais il les sentait peser sur son cœur comme une menace, comme un pressentiment. A l'heure où le besoin d'aimer s'éveillait, fallait-il donc que le besoin de haïr se dressât tout à coup.

En ce moment, la danse interrompue recommença. Des groupes de jeunes femmes traversèrent rapidement le salon et passèrent près de lui, frôlant son habit de leurs robes de mousseline, et laissant derrière elles les parfums de leurs bouquets et de leurs chevelures; puis, une des dames Deffely vint, avec son mari, le prier de rentrer au salon. On sentait son absence; on le demandait.

André eut une bouffée de joie et d'espérance,

qui souleva le voile lugubre mis à son âme par le vieillard cynique. Sa vie n'était-elle pas douce, engageante, facile? Lui, la veille encore étranger, solitaire, exilé, n'avait-il pas sa part d'une fête où chacun lui tendait la main? Qu'avait-il fait pour mériter ces sympathies? Rien. Il les devait à la bonté de ces dames que sa solitude avait touchées. Ah! cet homme avait menti! Sa science n'était qu'une taquinerie paradoxale, qu'une quinte de misanthropie. La société n'était pas odieuse comme la dépeignait ce vieillard désenchanté: il y avait encore au monde de nobles élans, des cœurs à aimer, des fleurs à cueillir, du bonheur à chercher!

VII

Au moment où André allait rentrer dans le salon, il se rencontra avec Mgr Vicaire.

— Vous amusez-vous, monsieur? demanda le prélat avec un sourire.

— Beaucoup, monseigneur, répondit ingénument André.

— Vous ne regretterez pas l'Allemagne?

André rougit, baissa la tête, puis la relevant :

— On regrette toujours sa patrie; mais on se sent d'autant plus touché des efforts qui sont faits pour adoucir la séparation. Je suis reconnaissant à mesdames vos nièces qui ont bien voulu m'admettre dans leur charmante société.

— Mes nièces auraient peut-être mieux fait de vous laisser dans l'ennui de votre solitude, dit le vicaire avec une sorte de compassion fine.

— Pourquoi, monseigneur?

— Parce que vous n'avez que des ennemis latents, et que vous allez en avoir d'agissants.

— Je ne vous comprends pas, monseigneur...

— Comment! vous arrivez du fond de l'Allemagne pour troubler les brebis de notre province, et vous croyez que les bergers ne vont pas vous haïr?

— Je comprends de moins en moins...

— Ah! mon enfant, ne comprenez pas, et...

Dans cet instant, monseigneur fut interrompu par une vieille dame qui, le bras appuyé sur le bras d'une belle jeune fille, s'avançait vers André.

— Monsieur, dit la dame, vous oubliez que vous avez fait promettre à ma fille de vous réserver la danse ou la valse prochaine.

André reconnut sa danseuse du quadrille. Avait-il exigé une promesse? il ne s'en souvint guère, mais il revit les beaux yeux et le joli visage qu'il avait déjà admirés, et il se sentit confus.

— Vous voyez, reprit le vicaire, les dames vous invitent à présent.

Ces mots, dits avec grâce, laissaient percer pourtant une ironie, sévère comme un reproche, qu'André ne comprit pas et qui devait s'adresser aux deux dames.

— Mademoiselle, balbutia André rougissant jusqu'aux oreilles, j'ai brouillé le quadrille tout à l'heure, je craignais que vous ne m'en voulussiez.

On entendit le prélude d'une valse.

— Une valse, s'écria la vieille dame avec une familiarité d'intonation qui tranchait avec la solennité du bal, vous ne pouvez pas, monsieur, pour l'honneur de l'Allemagne, la laisser passer.

André se soumit, le vicaire le regarda, haussa doucement les épaules et continua sa route.

André savait valser d'instinct, de naissance; il était trop allemand pour n'avoir pas le génie de cette danse nationale. Il s'élança, comme il avait vu faire sur les pelouses de son village, dans la Souabe, serra de son bras la taille souple de la jeune fille, et le vertige de la valse le saisit, l'emporta, le ravit dès les premières mesures, dès les premiers pas.

Ardent, les cheveux au vent, les narines ouvertes, aspirant par tous les pores les chaudes émanations du bal, s'enivrant du bruit, du tourbillon; étreignant sa belle valseuse qui penchait la tête en arrière, presqu'effrayée de l'ivresse de son valseur, André eut, pendant la durée de la valse, la conscience de l'amour satisfait, et la révélation de la volupté. Toute l'énergie de ses chastes années lui montait au cerveau et semblait, ainsi qu'un vin généreux, menacer sa tête de l'explosion.

Quand il fut contraint de laisser reposer sa danseuse, c'est-à-dire quand le piano se tut, il regarda autour de lui, haletant et triomphant, pour chercher l'homme aux lunettes bleues et le défier; mais celui-ci ne reparut plus de la soirée.

On ne sortit du bal que fort avant dans la nuit. C'était une nuit sereine, chaude, étoilée. Sur le seuil de la maison, André se trouva (était-ce par hasard seulement?) auprès de sa danseuse.

— Je vous remercie de l'honneur que vous m'avez fait, mademoiselle, lui dit-il en l'aidant à mettre son manteau.

La jeune fille le regarda en face, sans hésitation, parut tentée de lui répondre, puis sourit d'un air mystérieux et prit le bras de la dame âgée, qui ne l'avait pas quittée pendant toute la durée du bal.

— Vous êtes seules, mesdames, reprit André, voulez-vous me permettre de vous accompagner?

— C'est inutile, monsieur, répondit presque brusquement la jeune fille, nous demeurons à cent pas d'ici.

— Il est vrai que je vous ai assez importunée déjà, balbutia-t-il.

— Ah! vous croyez cela, répliqua-t-elle avec un rire presque hardi, eh bien, tant pis pour vous... venez!

La permission était étrangement donnée, mais celle qui la donnait était si belle qu'André fut enchanté. Il offrit son bras à la vieille dame.

Ils marchèrent silencieusement. André ressentait un étouffement qui lui ôtait la parole. Il frissonna à plusieurs reprises.

— Avez-vous froid, monsieur? dit la vieille dame.

— Non, oh! non, répondit-il.

Le bruit de leurs pas et le frôlement des robes troublaient seuls le silence de la rue; leurs ombres se dessinaient à leurs pieds, sur les dalles blanchies par la lune. Ils arrivèrent ainsi à la porte du Sud.

— Nous avons passé... dit soudain la demoiselle.

Par hasard, la petite porte de la ville était ouverte. La belle allée d'oliviers qui mène à C..., s'étendait à perte de vue devant eux; les senteurs pénétrantes de la nuit leur arrivaient en bouffées fraîches et parfumées, du fond des vallées qui entourent la ville.

— Êtes-vous fatiguée? dit André d'un ton de prière.

— Qu'en dis-tu, maman? demanda la jeune fille à la vieille dame.

— Comme tu voudras, Hélène; mais il est près de trois heures.

André reprit vivement :

— La nuit est si belle, l'air si pur, et puis...

Il sentit la main d'Hélène qui se posait sur son bras, et qui s'y appuyait par un mouvement analogue à celui qu'on imprime à une pédale.

— Cette heure ne reviendra plus, ajouta André en soupirant.

Ils franchirent la porte.

Chemin faisant, la mère lui demanda s'il se plaisait à R...

— Oui, dit-il, maintenant. J'ai eu de la peine à me faire au climat et aux usages d'un pays si différent du mien... Le souvenir de la terre natale nous poursuit en tous lieux, mais plus qu'à nul autre peut-être, l'aiguillon de ce souvenir m'a été cruel...

Il soupira et, ouvrant son cœur tout rempli de tristesse et de joie confondues dans une harmonieuse mélancolie, il parla tout à coup à ces femmes qu'il ne connaissait pas, dont il ne savait pas même le nom, de ses chagrins, de ses deuils, de ses déceptions, de ses espérances.

Hélène écoutait en baissant la tête ; la mère regardait les étoiles.

— Je comprends tout ce que vous venez de nous dire, reprit la vieille dame, qui n'avait peut-être pas beaucoup écouté. Mais vous auriez tort de vous plaindre, surtout dans ce moment.

— Je ne me plains pas, répliqua vivement André. J'ai parlé du passé... Je ne sais ce que l'avenir me garde ; quant au présent !... ah ! croyez que j'en comprends tout le prix... Je fais un rêve. Je voudrais bien ne pas m'éveiller trop tôt ; mais, quel que soit le réveil, je n'aurai pas le droit de me plaindre. Les plus amers désenchantements ne pourront effacer le souvenir de cette heure bénie.

Et regardant dans un transport lyrique la campagne qui l'environnait :

— Je vous prends à témoin, vallées, cieux, nuit qui nous entourez ! Je voudrais payer de mille tourments les heures bénies que je viens de passer !

Hélène, dont la main était restée posée sur le bras d'André, fit un mouvement pour la retirer; mais lui, la retint avec audace. Ils marchaient.....

Soudain les grands murs blancs du couvent se dressèrent devant eux. Trois heures sonnèrent au loin dans la ville, et toutes les horloges de la vallée répondirent en notes grêles comme les cris des muezzins du haut des minarets.

Aussitôt la cloche des capucins tinta matines; les étoiles pâlissaient dans la pénombre, et se fondaient déjà dans la teinte crépusculaire qui blanchissait l'horizon. Ils entendirent le chœur des moines qui chantaient l'*Ave Maria*.

— Avez-vous visité le monastère, demanda Hélène.

— Non, dit-il, je n'en connaissais pas le chemin, mais je reviendrai souvent ici. Écoutez ! que ces chants sont beaux ! Est-ce la nuit qui leur prête cette grandeur, ou bien leur est-elle essentielle ? Je n'en sais rien ; mais je suis ravi !

— Vous enviez peut-être les moines ? demanda la mère en souriant.

— Pourquoi pas ? répliqua-t-il... j'y ai songé ! mon cœur me porte vers ce renoncement, ma foi s'y oppose. Ces demeures sont à ceux qui n'estiment pas la vie pour ses bienfaits ordinaires... je serais peut-être fort aise, un jour de venir frapper à cette porte.

— Non, non, dit Hélène avec fermeté, vous n'iriez pas !

— D'ailleurs, ajouta la vieille dame, vous ne savez rien de la vie ; vous êtes si jeune, et la vie va vous sourire ! laissez-vous aller aux sympathies qui vous entourent ; vous serez heureux.

— Ah ! comme vous remuez mon âme !

comme vous l'agitez délicieusement. Vous me ramenez sans cesse à ces illusions qui me tentent, que je redoute et que je veux fuir ! Le bonheur ! Savez-vous ce que ce mot renferme pour moi? la famille, le foyer, l'amour, le devoir, la source la plus pure dont j'aie soif! oh! parlez-moi du bonheur ! Je vous écoute; ma solitude se peuple; mon rêve prend une forme... ah ! que vous croyiez ou non ce que vous me dites, que ce soit conviction ou pitié, soyez bénie, madame, pour le bien que vous me faites !

Il pleurait.

Une larme tomba sur la main d'Hélène qui lui donnait toujours le bras; il sentit qu'elle dégageait doucement sa main ; elle porta cette larme à ses lèvres.

La brise s'élevait; la jeune fille commençait à trembler. André ôta vivement son manteau et le lui mit sur les épaules.

— Et vous? dit-elle.

— Oh! moi, répondit-il en lui prenant la main, j'ai chaud, vous voyez, j'ai la fièvre.

Ils reprirent à pas pressés le chemin de la

ville. Lorsqu'ils arrivèrent devant la maison de ces dames, André soupira.

— La voilà écoulée cette heure splendide, dit-il avec tristesse. Ma fête est terminée, vous seules pouvez la faire revenir.

Il tenait leurs mains qu'il serrait avec force.

— Elle reviendra! lui répondirent-elles.

Il fit un grand effort, leur dit adieu et se dirigea rapidement vers son auberge.

VIII

A huit heures du matin, André se rendit au bureau et trouva Mosès à la caisse.

— Tiens! vous voilà, dit le juif d'un air étonné. Vous ne vous êtes donc point couché?

— Pourquoi me demandez-vous cela?

— Ah! ah! vous êtes moins sauvage que vous ne paraissez l'être! avez-vous bien dansé au moins?

André n'avait pas osé parler de son invitation. Il savait quelle lutte Mosès avait soutenue contre la maison Deffely; il craignait que son patron ne lui en voulût d'une accointance, même indirecte, avec ses rivaux. La surprise d'être découvert et un peu de confusion l'empêchèrent de répondre.

Mosès continua avec indulgence, mais d'une voix ferme pourtant :

— André, je sais ce que vous valez, et je vous estime. Amusez-vous, j'en suis charmé, cela vous attachera davantage au pays. Mais je suis certain que les Deffely trament quelque chose, et je ne doute nullement qu'ils ne se livrent à une spéculation où leur pensée vous enveloppe... Bast ! ajouta-t-il, après tout qu'est-ce que cela me fait ? Si vous découvrez le pot aux roses, nous en rirons tous les deux.

Là-dessus, il serra la main d'André et quitta le bureau.

Le jeune commis garda une arrière-pensée d'amertume de ces quelques paroles, mais il en voulut à Mosès de le mette en défiance, et il ne songea pas à se défier.

Le dimanche suivant, il passa toute la journée dans sa chambre à lire, à rêver, à faire de la musique, à tuer le temps. Il lui tardait d'être au soir pour aller au Prato, où il espérait rencontrer ces dames. Les deux jours écoulés depuis le bal lui semblaient une intermittence énorme. Il lui avait été, le matin, bien difficile de se retenir, et de ne pas aller *la* saluer à la messe où il l'avait vue entrer de loin, caché sous les portiques. Mais il n'avait pas osé franchir le seuil de l'église; il sentait qu'il rougirait en la voyant; le trouble de son âme devait se refléter sur son front. La journée fut d'une mortelle longueur; enfin l'heure de la promenade sonna.

Il parcourut les rangs de la foule lentement, lançant des regards dans tous les sens, il ne les vit pas. Son cœur battait violemment. MM. Deffely passèrent près de lui, il les salua et se détourna bien vite pour ne pas laisser remarquer son agitation.

La pensée qu'une cause grave pouvait seule empêcher qu'elles parussent au Cours, comme d'habitude, le frappa d'un coup de poignard.

Sans doute, elle était malade; sinon elle serait venue. Elle devait bien, elle aussi, souhaiter de le voir; il n'en pouvait douter en se rappelant toutes les promesses de son adieu.

La vue d'un homme qui traversait le Prato en portant une large perche, à laquelle pendait l'affiche du spectacle, lui suggéra des idées plus saines. « Elles iront peut-être au théâtre, » se dit-il. Il regarda sa montre. L'Opéra commençait.

André fondit dans sa loge comme un coup de vent, et promena rapidement ses yeux dans la salle; elles n'y étaient pas. Le bruit des portes qu'on ouvrait le faisait tressaillir ; il pâlissait à la vue d'une robe dans l'ombre des *palci*.

Il ne savait pas ce qu'on jouait; on chantait, l'orchestre tempêtait, il n'entendait rien; quand le rideau se leva pour le second acte, elles n'avaient point paru. Il ne put tenir en place; le spectacle l'agaçait; la musique lui tordait les nerfs; il voulait la voir, il fallait qu'il la vît; c'était un besoin impérieux, irritant, torturant, et il ne savait comment parvenir à le satisfaire.

Il quitta sa loge, en referma brusquement la porte, et descendit rapidement l'escalier, de peur qu'elles n'entrassent pendant qu'il sortait ; car, bien que l'on fût à la moitié de l'opéra, il conservait un secret espoir de les voir arriver.

Dans cette idée, il suivit le chemin qu'elles eussent nécessairement pris pour aller de chez elles au théâtre, et arriva devant leur maison. Les fenêtres étaient fermées ; il n'y avait point de lumière dans l'intérieur. Il fallait qu'il se fût passé quelque chose d'extraordinaire.

Cependant il éprouva une sorte de soulagement en réfléchissant que l'absence de lumière indiquait certainement qu'elle n'était point malade. Mais où était-elle ? Quel incident avait pu l'empêcher de paraître à la promenade et au théâtre ? Il torturait son esprit sans pouvoir trouver une réponse à ces questions. Enfin il se dit :

— Je leur dois une visite, j'irai les voir demain.

Puis il s'éloigna lentement, tristement, gagna la porte du sud, et sortit de la ville. Son âme se rasséréna dans ce chemin si plein d'images. Il était nuit ; comme la dernière fois, les étoiles brillaient au ciel; l'air lui semblait encore tout imprégné d'elle; il croyait voir errer son ombre dans les buissons de la vallée. Là, tout s'harmonisait avec sa pensée, jusqu'aux cailloux de la route qu'elle avait foulés; chaque pas évoquait un souvenir, chaque souvenir une sensation pleine de charme; il la revoyait, il l'entendait, il se rappelait les mots qu'elle avait dits, ses mouvements, ses regards, le son de sa voix, le parfum de ses cheveux; mille extravagances délicieuses lui passaient par la tête...

Heures divines du premier amour, extases goûtées rapidement, chantées par toutes les lyres et jamais définies, quelles régions habitez-vous? pourquoi ne plus revenir, puisque vous êtes toutes les forces idéalisées de l'humanité?...

Le lendemain, en quittant la banque à cinq heures, André traversa la grand'rue et se dirigea vers la maison « *de ces dames.* » Il ralentissait le pas, à mesure qu'il avançait, et au moment de tourner le coin de la place, il sentit faiblir sa résolution et s'arrêta. Un violent désir le poussait en avant, et une secrète honte le tirait en arrière. Ballotté ainsi entre des sentiments si divers, il avança, recula, puis avança encore, sans oser dépasser le pan de mur qui lui cachait leur maison. A la fin, cependant, il prit un parti décisif, et fit un pas, le pas suprême; il se trouva devant la porte : sur le balcon, une forme humaine lui apparut : il sentit aux battements de son cœur que c'était elle.

Il sonna ; on n'ouvrit point.

— Pourtant elle est là, se dit-il.

Il sonna encore, mais plus timidement.

— Qui est là ? cria quelqu'un.

La saillie du balcon lui cachait les fenêtres ; il fit un pas en arrière et leva la tête.

— Ces dames sont sorties, monsieur, lui dit une vieille femme penchée sur la balustrade.

André tressaillit : on le trompait. Une subite rougeur se répandit sur son visage. Il s'éloigna en rasant le mur.

— Elles sont là, elles sont là ! murmurait-il avec désespoir ; j'en suis sûr ; que leur ai-je fait ? Elles riaient de moi. Oh ! quelle honte !

Il traversa les rues, marchant droit devant lui, au hasard, et il se trouva dans l'auberge sans s'être aperçu qu'il y entrait.

— Voulez-vous souper? demanda l'hôte qui suait devant son fourneau.

— Non, dit-il sèchement.

Il entra dans sa chambre, jeta son chapeau sur un meuble, et se roula sur son lit...

Il pensait à l'homme aux lunettes bleues, en ne voulant que penser à Hélène : dans son désespoir, il se souvenait des paroles de ce terrible persiffleur; il sentait le ver dans la fleur, le foin sous le velours.

Vers huit heures, on frappa à la porte. C'était l'hôte, il tenait un papier.

— Voici une lettre qu'un gamin vient d'apporter, dit-il.

André la saisit vivement et dévora des yeux l'adresse.

— Ce n'est pas de Mosès, dit-il.

D'une main tremblante, il déchira l'enveloppe et déplia la lettre.

Aussitôt qu'il l'eut lue, sa figure resplendit ;

une gaieté enfantine le fit sauter dans sa chambre.

— Préparez mon souper, dit-il.

Il était fou ; il riait, il baisait les caractères adorés de cette lettre, sans se plaindre du sable qui lui grattait les lèvres ; moins délicat en ceci que Werther, ou peut-être plus amoureux que lui.

Dix lignes seulement avaient produit cette métamorphose, il les relut vingt fois :

Monsieur,

La peine que nous éprouvons de n'avoir pu vous recevoir égale celle que vous ressentez peut-être. La vie des petites villes a des exigences qui, tout étroites et mesquines qu'elles sont, constituent des règles qu'il serait téméraire de mépriser. La dure nécessité qu'elles nous ont imposée à votre égard nous les rend en ce moment doublement pénibles.

Nous irons au théâtre jeudi ; vous viendrez nous saluer dans notre loge.

Veuve Costa.

André alla se mettre à table avec un appétit merveilleux qui stupéfia l'hôte; ce brave homme qui s'ingéniait en vain pour exciter le palais dégoûté de ses pensionnaires, s'étonna du piment que contenait une simple lettre de dix lignes, et des vertus apéritives de la correspondance.

L'affiche du jeudi annonça la *Cenerentola*. Un bouffe renommé devait se produire ce soir-là. Il y eut foule au théâtre. A peine André eut-il pris place dans sa loge, qu'il aperçut, en face de lui, les dames Costa au même rang. Il les salua, et elles répondirent à son salut par une légère inclinaison de tête. Puis il s'assit, en se dissimulant derrière la colonne d'avant-scène, dans l'ombre.

Peu après, mesdames Deffely entrèrent dans leur *palco*. De sa place, André découvrait toute la salle.

Quand l'orchestre préluda, le coup d'œil etait splendide. Les loges présentaient trois rangées de femmes en grande parure; toutes les variétés de la jeunesse, toutes les fleurs de la beauté, toutes les perfections visibles s'étalaient là, comme le tableau de quelque rêverie arabe. Cependant André ne voyait qu'*elle*, n'admirait qu'*elle*. Il la contemplait d'un œil ébloui.

Elle était radieuse, en effet, belle et jolie tout à la fois, belle comme une étoile, jolie comme une fleur d'avril.

A la fin du premier acte, il se ganta, et alla frapper à la porte de la loge des nièces de Monseigneur. Il n'y resta que peu d'instants, pendant lesquels on parla de l'opéra et des toilettes...

— N'irez-vous pas saluer votre danseuse, monsieur, demanda une de ces dames. Hélène est ravissante, ce soir, ajouta-t-elle à demi-tournée vers sa sœur, les yeux dans sa lorgnette.

André se sentit soulevé hors de la loge.

— J'y vais tout de suite, répondit-il.

Il lui sembla qu'on riait, quand il refermait la porte.

Il venait de quitter le *palco* et traversait le couloir, quand il sentit une main se poser légèrement sur son épaule.

Il se retourna, et ne put se défendre d'un mouvement d'effroi à la vue de l'homme aux lunettes bleues.

— Eh quoi! vous fais-je peur? dit celui-ci d'un ton plein d'aménité.

— Non, monsieur, fit André qui rougit de sa superstition; mais je m'attendais si peu à vous rencontrer ici...

— J'y viens rarement. Je connais tous ces airs-là... Mais il faut pourtant bien bâiller quelque part... n'avons-nous pas, pour causer à loisir, un autre endroit que ce couloir? Voici ma loge; faites-moi l'amitié d'y entrer un instant.

Et, saisissant André par le bras, il le poussa doucement dans le *palco*. André voulait s'excuser; mais l'homme aux lunettes bleues le pria avec tant de courtoisie, que le pauvre garçon, à demi-fasciné par cet étrange personnage, obéit à cette prière comme à une injonction.

L'homme aux lunettes occupait seul une loge de face.

— Eh bien! cher monsieur, demanda-t-il,

comment avez-vous passé le temps depuis le bal de mesdames Deffely?

— Comme à l'ordinaire, monsieur; j'ai travaillé.

— C'est fort bien. Vous êtes employé à R...?

— Chez le banquier Egler, oui, monsieur.

— Ah! Mosès Egler! il n'était pas au bal des Deffely, celui-là; mais il est bizarre que vous y fussiez. Est-ce que vous auriez déjà assez d'indépendance de caractère pour trahir votre maître?

— Ah! monsieur! s'écria André avec indignation.

— Enfant! je plaisante. Un autre comprendrait ces avances faites par des ennemis, et s'en défierait. Mais bast! vous êtes jeune, il vous faut bien apprendre à vieillir... Je vois que la prosaïque comptabilité n'étouffe pas chez vous le goût des beaux arts.

— J'aime passionnément la musique, monsieur.

— Dieu vous garde d'autres passions que celles-là! où donc est votre loge?

— Là-bas, monsieur, à gauche, la seconde de l'avant-scène.

— Je la vois ; vous êtes seul ?

— Oui, monsieur.

— En ce cas, vous pouvez rester ici, nous nous tiendrons compagnie... Et cela ne vous fera pas de mal d'être vu à côté de moi !

IX

André se trouvait cruellement contrarié de cette offre gracieuse; il voulut lutter encore pour sa liberté.

— Pardon, monsieur, balbutia-t-il, j'ai des visites à faire.

— Eh bien! vous les ferez. Il vous tarde d'aller saluer la dame de vos pensées. Modérez cette ardeur, monsieur, et retenez que le plus sûr moyen de réussir auprès des femmes, c'est de les faire attendre.

— Vous vous trompez, monsieur, dit André en rougissant, je suis encore trop étranger ici...

— Le bout de vos oreilles vous dément, interrompit l'implacable railleur ; et pourquoi pas ? L'amour est un plaisir de votre âge. C'est un exercice salutaire. Choisissez une belle personne, fraîche, robuste, brune, surtout ! — Les blondes sont les pommes blettes de l'amour ! Et mordez ferme !

— Ah ! monsieur, dit André scandalisé, si j'aimais, je ferais de l'amour un culte, et l'estime...

— Enfant terrible ! ne mêlez donc pas des choses qui se contrarient ; si l'on estimait réellement une créature, on ne l'aimerait pas, et surtout on ne l'épouserait pas ; ou bien l'on devrait imiter l'empereur Tembo-Sama, qui étouffait ses femmes la première nuit de ses noces ! Malheureusement, tout le monde n'est pas empereur !

— Vous ne parlez que d'une sorte d'amour, objecta timidement André.

— C'est qu'il n'y en a qu'une sorte, comme il n'y a qu'une sorte de laquais. Semblable à un valet, qui prend la livrée de son maître, l'amour prend les habits que nous lui donnons, velours ou tiretaine, soie ou coton, selon notre fortune. Ici, grand seigneur, despote luxueux, se complaisant dans les sphères qui déguisent sa bassesse originelle; se couronnant d'étoiles, foulant des tapis de fleurs, vivant de rêves célestes et de perdreaux truffés! Là, bourgeois grossier, brutal, mal vêtu; alors, il s'humanise, devient bon diable, s'accommode de tout, fait son marché, lave son linge et mange avec ses doigts... Puis enfin, déguenillé, farouche, lubrique, osant tout et prêt à tout. A quelque échelon que vous le rencontriez, c'est toujours le même, un appétit et une démangeaison. Cela bouscule un peu votre système planétaire, n'est-ce pas, jeune homme? Mais la vérité n'a pas des ailes de séraphin. Quelles petitesses, quelles lâchetés, quels crimes, l'amour n'a-t-il pas commis! Quelles grandes choses a-t-il faites en retour? Deux ou trois poëmes, une centaine de bons tableaux et quelques milliers de pages bien écrites; mais une action noble, pratique, utile? Est-ce à lui qu'on doit les Aristide, les

Titus, les Christ, les Vincent de Paul, les Fénelon, les Monthyon ? Non ! Mais, en revanche, il peuple les bagnes de voleurs, de faussaires et d'assassins. Après tout, la faute en est moins à nos mœurs qu'à nos institutions, qui font fausse route. On décrète la peine de mort contre les chiens enragés, et on laisse errer les amoureux en délire. On traite *thérapeutiquement* la folie, qui appartient à la psychologie, et on traite *moralement* l'amour, qui est du domaine de la médecine. Nous avons des ladreries pour la lèpre, pourquoi n'aurions-nous pas des *érothérapies*, où l'on guérirait les amoureux dans l'indigence, qui ne pourraient se faire soigner à domicile? Je vous assure, monsieur, que l'on verrait diminuer les délits de sang, dans la même proportion qu'augmenteraient les cures de l'amour. Pendant mon séjour en Chine, j'eus pour ami un docteur célèbre, qui avait sérieusemement étudié ce mal, qu'il classait parmi les affections gastriques. Il diagnostiquait l'amour d'une personne à la seule vue de son urine, et il ne se trompait jamais. Pour les cas ordinaires, il employait les laxatifs, cataplasmes sur le ventre et lavements réitérés ; pour les crises, la saignée. Mais il était rare que le mal résistât à la première médication. Il faisait ainsi des cures merveilleuses et des remarques surprenantes. Il rapportait les passions aux tempéraments, et les disséquait comme des cadavres, il appelait cela la *tératologie intestinale*. Il avait une maîtresse charmante, qu'il ne visitait qu'à certaines dates précises, pour des raisons qui éclaireraient parfaitement, je vous en réponds, le fond de ce que les romanciers appellent « l'abîme insondable du cœur de la femme ». Somme toute, c'était un homme prodigieux. Malheureusement, il est mort d'un nid d'hirondelles qui lui resta sur l'estomac ; toute la Chine le pleure encore... Mais qu'avez-vous donc, monsieur, vous sentez-vous mal?

L'agitation, le supplice d'André, expliquaient assez cette question. De la loge où il se trouvait il n'apercevait qu'obliquement la loge des dames Costa. Or, depuis quelques instants, il les voyait causer et rire avec une personne qui était cachée, et, par instant, une main saisissait familièrement la main d'Hélène ; mais cette main sortait d'une manche d'habit, qui brûlait les yeux et le le cœur du pauvre garçon.

En suivant les regards d'André, il ne fut pas difficile à l'homme aux lunettes de voir où ils convergeaient.

— Ah ! ah ! fit-il en hochant la tête, *capisco signore*, voilà donc votre *Thamar ?* Puis, braquant sa lorgnette : — Mon compliment, monsieur !... charmante, en vérité ! un peu pâle !... hum ! Prenez garde, cette pâleur-là est une estampille ; mais, du reste, bien découplée, avec de larges épaules, l'œil superbe, les dents blanches ! Bravo ! Voilà de quoi passer délicieusement l'hiver ! Mais, n'allez pas vous fourvoyer dans l'estime, d'autant que je crois connaître la belle !...

André souffrait cruellement ; il souffrait des remarques brutales de ce cynique, et il souffrait de sa jalousie. Il se sentait ridicule à force de folie, et il craignait de le devenir davantage en sortant. Pendant cette torture, la fatale manche d'habit continuait à se livrer à des gesticulations familières.

Un incident imprévu vint tirer André du buisson d'épines dans lequel il s'était fourré. Un léger coup fut frappé à la porte de la loge.

— Entrez! fit l'homme aux lunettes... Eh! bonsoir, cher, reprit-il aussitôt, en tendant les deux mains avec empressement à un personnage qui entrait.

— Au revoir, monsieur, dit vivement André.

— Restez donc!

— Je reviendrai plus tard.

— Au revoir donc, et bon vent... Mordez à la pomme!...

André partit comme un oiseau captif dont on coupe le fil. Il alla droit à la loge des dames Costa. Comme il approchait, il entendit un rire plein et sonore. C'était la voix d'Hélène; il la reconnut, bien qu'il ne l'eût pas encore entendue rire. Sa main heurta la porte; on l'ouvrit, et, dans l'entre-bâillement, la manche d'habit lui sauta aux yeux. Interdit, troublé, de trouver déjà un occupant, André n'osait s'avancer, et se tenait au fond de la loge, où les dames, sans le reconnaître, le laissaient libre de se retirer. Cet accueil silencieux lui glaça le cœur. Mais, quand il eut fait un pas, madame Costa lui tendit la main, avec un bon sourire qui le remit un peu.

— Asseyez-vous, lui dit-elle, en lui montrant un tabouret auprès d'elle.

— Je vous laisse, dit l'homme à la manche terrible, en se levant.

— Restez-vous au théâtre? lui demanda Hélène.

— Non, répondit-il, en tirant sa montre, je dois prendre le train de dix heures.

— Vous avez le temps d'écouter le second acte.

— Ce bouffe est insupportable!... Je m'ennuie. Tiens! N'est-ce point la Bardi, cette robe bleue, dans la loge des Piani?

— Oui, c'est elle.

— Toujours jolie! Voyons un peu. Et l'inconnu, prenant machinalement la lorgnette dans les mains d'Hélène, se mit à regarder dans la salle.

André, sans être initié à ce qu'on appelle, dans tous les pays, les manières du monde, se sentait choqué du sans-façon de ce monsieur, et l'examinait d'un œil inquiet. Il ne se rappelait pas l'avoir jamais vu à R... C'était un beau jeune homme, d'une trentaine d'années, grand, svelte, élégamment habillé et de formes distinguées.

— Elle est horriblement fardée! dit-il.

— Non, dit Hélène, c'est son teint naturel.

— Ne la défendez pas, ma chère!

Hélène voulut reprendre sa lorgnette; le jeune homme lui abaissa la main.

— Vous vous soutenez entre vous, continua-t-il, et vous n'en conviendrez jamais. Tenez, monsieur, ajouta-t-il, en s'adressant à André, je vous fais juge, voyez vous-même.

Il tendit la lorgnette, sans façon, devant Hélène, et André avança le bras pour la prendre. Dans ce mouvement, une fine manchette de batiste, se dégageant de la manche du jeune homme, laissa voir un double bouton de diamants. La manche, un peu courte d'André, mit à nu les boutons de nacre du poignet de sa chemise, où le fer avait fait des taches de rouille.

Le pauvre garçon ressentit d'affreux picotements jusqu'au bout des ongles; et, pour augmenter son malaise, il voyait les abominables lunettes bleues braquées de loin sur lui. Dans son trouble, la lorgnette lui échappa des mains et tomba par terre. Il devint pourpre. Il n'avait jamais éprouvé une semblable gêne. Une insupportable chaleur se dégageait par tous ses pores, et il ne trouvait pas un mot à dire.

— Adieu! dit l'inconnu à madame Costa. Puis, prenant la main d'Hélène, il la secoua fortement, *more anglico*, en disant: Au revoir! Après quoi, il salua André et sortit.

— Je vous ai dérangées, mesdames, balbutia le jeune homme.

— Du tout, du tout, répondit la mère, nous vous attendions; n'est-ce pas, ma fille?

Hélène fit un mouvement de la tête, mais ne parla pas.

— A propos, reprit madame Costa, vous connaissez donc le prince T...?

— Non.

— Vous étiez tout à l'heure dans sa loge?

— Moi?

— Sans doute, ce monsieur, là-bas, avec des lunettes bleues...

— C'est le prince T...? fit-il avec étonnement.

— Ne le saviez-vous pas?

— Non, madame; je l'avais vu au bal chez les Deffely, et, tout à l'heure, il m'a invité à entrer dans son *palco*.

— Vous êtes bien heureux! Il vient rarement à R... Son château est à huit milles d'ici. Je suis charmée que vous le connaissiez. Il faut le voir, il peut vous être utile.

— Je ne voudrais rien devoir à cet homme!

— Pourquoi?

— Il n'a pas de cœur!

— Bah! tout le monde a du cœur. C'est un homme d'esprit, original, très-recherché. Combien de gens voudraient être l'objet de l'attention qu'il vous a donnée!

— Il a beaucoup d'esprit, sans doute, et il se peut que l'on tienne à l'honneur de l'approcher. Mais je vous affirme qu'il n'a pas de cœur, et c'est pour cela qu'il m'est odieux.

Hélène se retourna lentement du côté d'André, et le considéra des pieds à la tête, avec un faible sourire.

— C'est bien dommage que vous ayiez ces scrupules, reprit madame Costa, car il a une grande influence !

— Je ne saurais rien demander à un homme que je n'estime pas.

— Vous ne raisonnerez pas toujours ainsi ?

— Toujours !

— Tant pis alors !

André voulut détourner la conversation, dont le sujet l'attristait beaucoup, et dans laquelle Hélène n'avait pas placé une syllabe. Il s'excusa de la démarche faite par lui, le lundi précédent.

— Dans mon inquiétude de ne pas vous avoir vues au Prato, dit-il, j'ai oublié que je n'avais pas le droit de me présenter chez vous.

— Vous avez, au contraire, ce droit-là, puisque l'amitié le donne. Mais des femmes seules... qui ne sont pas riches... dans une petite ville! il faut tant de précautions!... Je suis bien sûre qu'on vous aura déjà parlé de nous?

— Non, madame.

— C'est bien étonnant; on est si méchant!

— Qu'importe la méchanceté du monde, madame, quand on a le cœur pur, l'amitié loyale!

— Vous êtes un homme, et tout vous est facile. Nous, nous devons taire nos sentiments, et sacrifier, aux ridicules préjugés d'une petite ville, bien des joies délicates.

— Je me conformerai aux exigences, reprit André avec tristesse. Mais cela est bien pénible!

Il soupira.

— Vous êtes un enfant, cher monsieur! dit madame Costa, avec un abandon maternel, et en prenant la main d'André, pour la presser plusieurs fois entre les siennes; vous prenez les choses du côté douloureux, vous avez tort...

Votre défaut, c'est celui de la jeunesse, l'irrésolution, l'impatience... Ah! si j'étais toute seule au monde, nous ferions une paire d'excellents amis, en nous moquant de l'univers. Mais Hélène, convenez-en, ne peut agir de même.

André se pencha vers Hélène, qui restait muette, et qui regardait vaguement dans la salle.

— Vous me méprisez, n'est-ce pas, mademoiselle? lui dit-il avec une humilité presque sotte.

En ce moment, le rideau se leva pour le second acte.

— Restez, lui dit la mère, en le voyant faire mine de se retirer ; seulement, mettez-vous ici, plus en avant, en vue de la salle. Je vois là-bas, dans la *platea*, de beaux messieurs qui fatiguent leurs yeux à percer l'ombre de notre loge. Qu'ils n'aillent pas croire que nous vous cachons!

André aperçut, en effet, au parterre, un groupe de jeunes gens qui chuchotaient, et en se tournant vers le *palco*. Une expression de dédain plissa ses lèvres; mais en même temps il se demanda pourquoi ces dames, qui avaient une peur si grande des propos de la ville, tenaient à le mettre en évidence.

— Les chères âmes! se dit-il, elles veulent être vaillantes pour me dédommager; elles s'exposent pour moi!...

Et il se sentait plein de colère contre les curieux de la salle, qui forçaient l'héroïsme de ses nouvelles amies à se produire.

André était assis un peu en arrière, entre Hélène et sa mère. La jeune fille paraissait fort attentive aux fioritures du chanteur qui était en scène. Cependant, par moments, une contraction nerveuse tourmentait les coins de sa bouche et les parois de son nez, comme si elle eût fait des efforts pour retenir des larmes. Du reste, elle ne semblait pas se douter, le moins du monde, qu'André fût auprès d'elle. Elle ne le regarda même pas, quoiqu'il eût osé, deux ou trois fois, toucher sa robe par mégarde, — en réalité, pour appeler sa main.

Il ne savait que penser, ou, plutôt, il ne pensait que trop... A la fin, n'en pouvant plus, il se leva, et dit en soupirant :

— Où aurais-je maintenant l'honneur de vous revoir?

— Ici, dit la mère.

— Cette représentation est l'avant-dernière, le savez-vous? dois-je vous dire adieu jusqu'à la saison prochaine?

Son accent fendait le cœur.

— Allez vous promener quelquefois le soir aux Capucins, reprit madame Costa. Surtout, soyez-y prudent! je vous en prie

Il porta à ses lèvres la main de la vieille femme, en lui disant merci.

Hélène était toujours tournée vers la salle. Il la couvrit d'un regard douloureux, en murmurant :

— Que lui ai-je fait?

Il était debout, piteusement, derrière elle, tenant son chapeau d'une main, et, de l'autre, frottant le bouton de la porte.

— Au revoir, mademoiselle, dit-il.

— Vous partez? fit-elle, en se retournant

avec lenteur. Il avança la main. Elle tendit la sienne. Il la sentit froide et morte ! Le souvenir de la bonne poignée de mains avec *l'autre* lui brisa le cœur.

Il sortit aussitôt, et ne reparut plus dans la loge.

X

Le premier soin d'André, le lendemain de cette représentation, fut d'aller se faire prendre mesure d'habits à la mode. Puis il acheta de la toile et commanda des chemises *à manchettes;* il choisit chez le bijoutier en renom, des boutons d'or à pierreries, et fit provision de pommades fines et de savons parfumés. Toutes ses économies passèrent dans cette dépense de première nécessité.

Depuis son arrivée à R..., il conservait religieusement une superbe paire de bottes vernies, chef-d'œuvre d'un cordonnier de Francfort. Elles sonnaient fièrement, sur les dalles, ces bottes orgueilleuses ; elles faisaient l'admiration des garçons de l'auberge qui les regardaient avec une sorte de respect. Jamais la rude brosse du décrotteur ne les avait effleurées. André les nettoyait lui-même avec amour; et il ne les sortait de sa malle où elles étaient soigneusement enveloppées, que dans l'après-midi du dimanche, pour aller se promener sur le cours. Désormais il les sacrifia à sa vanité, à son amour, et les chaussa à toutes les heures, par tous les temps.

Huit jours après la représentation de *la Cenerentola*, il rencontra les dames Costa, dans le chemin *des Capucins*, qu'il parcourait chaque soir. Il fut enchanté de leur accueil. La mère parut lui porter un intérêt excessif; elle s'informa de son budget, de ses dépenses. Pourquoi restait-il à l'auberge? pourquoi ne prenait-il pas une chambre en ville? Il serait mieux logé et à moins de frais.

André répondit avec la joie naïve d'un orphelin qui se sent seul au monde, et qui voit venir à lui une famille inespérée. Il n'avait pas le moyen de louer une chambre ; l'auberge était la demeure la plus facile, la plus commode...

Hélène n'avait fait aucune question de ce genre, elle interrompit sa mère pour demander à André :

— Êtes-vous musicien, monsieur?

— Un peu, mademoiselle; la musique est ma grande passion avec la poésie.

— Quels poëtes lisez-vous?

— Ceux de mon pays.

— Connaissez-vous Pétrarque?

— Par des traductions, malheureusement; ses lettres à Laure m'ont charmé.

— Ah! soupira madame Costa, il savait aimer, cet homme-là!

Hélène regarda sa mère avec un léger froncement de sourcils.

— Avouez, madame, répondit André, que cela lui était bien facile d'aimer, puisqu'il était aimé! Pour moi, je lui préfère Tasse comme caractère et aussi comme poëte.

— Je n'en suis pas étonnée, vous êtes enclin à la mélancolie.

— Je l'aime surtout parce qu'il a épuré le

sentiment. Nulle femme n'a été et ne sera jamais aimée comme Éléonore le fut par Tasse.

— Cependant, c'est à cause d'elle qu'il a bien souffert.

— C'est parce qu'il a souffert que je l'admire. C'est en cela qu'il m'étonne. Quand l'amour s'élève à ce degré d'abnégation, il dépasse l'humanité. Ne pensez-vous pas comme moi, mademoiselle ?

— Je crois, en effet, monsieur, que si l'on peut aimer autant que Tasse, on ne saurait l'égaler en courage et en sacrifice.

— Sans doute, et il l'a compris lui-même, puisqu'il n'a pas voulu diminuer son sacrifice en le chantant. Le musicien a plus de priviléges que le poëte ; ses confidences vagues, indéfinies, ne spécialisent rien pour la terre, et semblent descendre du ciel pour y remonter. Je ne doute pas, mademoiselle, que vous ne soyez musicienne ?

— Je joue du piano... comme tout le monde.

— Si j'osais !

— Que voulez-vous dire ?

— Que je voudrais obtenir la faveur de vous entendre.

Elle ne répondit pas.

— Il est tard, dit madame Costa ; allons, monsieur, au revoir !

— Déjà, s'écria André ; puis il rougit et ajouta : pardon !

Ils reprirent le chemin de la ville silencieusement, tristement.

— Écoutez, dit tout à coup la mère en prenant le bras d'André, si vous me promettez d'être discret, de ne parler de nous à personne, vous entendez ? à personne, de ne pas vous impatienter lorsque quelque circonstance nous empêchera de venir vous voir ici, je vous récompenserai en vous permettant de nous faire une petite visite, le soir, mais très-rarement, et seulement lorsque je vous en aurai prié ; vous ferez un peu de musique avec Hélène, qui vit bien isolée aussi la pauvre enfant.

— Comme vous êtes bonne ! s'écria notre amoureux ravi au ciel. Il fit tous les serments, souscrivit à toutes les conditions qu'on exigea de lui.

— Venez samedi à neuf heures, alors, et souvenez-vous de votre promesse, sinon, je reprendrai la mienne.

Maintenant, quittons-nous. Adieu !

— Merci ! merci, dit André avec effusion en lui baisant les mains. Adieu, mesdames.

— Au revoir ! répondit Hélène, à samedi !
Puis, ils se séparèrent.

Comme André aimait maintenant ce pays qui d'abord lui avait paru si maussade ! Il se sentait presque étouffé par une surabondance d'amour et de charité. L'air lui paraissait plus léger, le soleil plus radieux. Il aurait voulu faire participer chacun à son bonheur, secourir toutes les misères, sécher toutes les larmes, répandre sur tout ce qui l'entourait les teintes dorées de son ivresse. Il se parait comme un fiancé et parfumait son âme en même temps que ses mains, ne s'arrêtant qu'à de pures pensées, agissant dans les circonstances les plus insignifiantes avec la même décence qu'il eût gardée devant Hélène, car il lui semblait qu'elle habitait en lui, qu'elle le voyait, l'entendait à toute heure, et pénétrait les secrets intimes de son esprit.

Un nuage troublait cependant la sérénité de son ciel. Le souvenir du jeune homme rencontré dans la loge, la poignée de main de l'adieu lui était restée sur le cœur. Est-ce qu'Hélène pouvait aimer un autre homme que lui, André ? N'avait-il pas déjà presque des gages de son amour ? Cette larme qu'elle avait bue, ces divines émotions de leur première promenade ne scellaient-elles pas formellement la communion de leurs deux âmes ? Ce jeune homme si familier, c'était un parent, un ami. A quoi bon s'en inquiéter ? Hélène était loyale, sa mère aussi, quel intérêt auraient-elles eu à le tromper ? Le samedi suivant, au premier coup de neuf heures, il sonnait à la porte de la maison de ces dames.

— Asseyez-vous là, dit madame Costa en le conduisant à une petite table couverte d'une nappe ; Hélène va venir.

Elle vint en effet, une minute après, apportant une tasse où fumait un appétissant bouillon, qu'elle plaça devant lui. André était stupéfait.

— Buvez, monsieur, buvez, lui dit madame Costa... allez-vous faire des cérémonies pour une tasse de bouillon? Ne le laissez pas refroidir.

André s'assit en murmurant :

— Vous me comblez! vous êtes trop bonne!

— Et mon bouillon, comment le trouvez-vous?

— Excellent!

— Il est meilleur en tout cas que celui de votre auberge.

Hélène, qui avait disparu, revint en ce moment, et déposa sur la table une assiette contenant deux cailles bien rôties; la mère tira de l'armoire une bouteille, un couteau et un petit pain.

— Je n'oserai plus revenir, dit André.

— Si vous n'aimez pas ces oiseaux! reprit madame Costa.

— Je les aime. Mais que signifie... pourquoi tant de bontés ?

— Allez-vous recommencer vos façons ? continua la mère en lui versant à boire.

Hélène se mit au piano, André mangea; il lui semblait qu'il communiait. Madame Costa, raccommodant du linge, s'était assise à côté de lui, le couvrant d'un air maternel. C'était un délicieux tableau d'intérieur, doux, patriarcal, allemand. Était-ce le mirage de la vie domestique, du foyer conjugal, qu'on avait voulu lui donner?

Quand il eut achevé de manger les cailles, Hélène, se levant, le pria de jouer quelque chose.

— Je ne joue que l'orgue, mademoiselle, et je ne connais que l'accompagnement.

— Alors, Hélène, dit la mère, prends la *Norma* et joue-nous *Casta Diva*. Vous connaissez ce passage, monsieur ?

— Non, madame ; mais si mademoiselle voulait jouer ou chanter quelque chose de la *Traviata*, un air surtout entre autres, je serais bien heureux.

Hélène eut un léger pli sur le front.

— Oh! le vilain opéra, dit la veuve! Nous ne l'aimions pas, et ma fille n'en a rien retenu. Joue *Casta Diva*, Hélène! Connaissez-vous *Norma* ?

— Non, madame.

— Eh bien! écoutez ce passage ; c'est délicieux.

André se tint debout, au piano, près d'Hélène, pour tourner les pages.

Comme il y avait loin du jeu plat, banal, de mademoiselle Costa, à la façon délicate et brillante de la belle inconnue, qui avait initié le jeune rêveur allemand aux émotions de la *Traviata*! Mais si « l'harmonie la plus douce est le son de la voix de celle qu'on aime, si un beau visage est le plus beau de tous les spectacles, » André emplissait ses yeux et son âme d'harmonie et de beauté.

Il se baissait parfois, sous le prétexte de mieux voir, mais en réalité pour effleurer de sa joue les cheveux d'Hélène. Comme elle n'était pas une musicienne très-scrupuleuse, et comme elle passait les endroits difficiles, elle arrivait toujours avant André au bas des pages, alors elle étendait le bras, leurs mains se rencontraient, et André se sentait défaillir.

Cette soirée fut pour lui une vision de l'Eden. Il savait qu'elle ne se renouvellerait qu'à de longs intervalles, et il en emporta une plénitude d'impressions qui devaient suffire à ses jours de solitude, comme ces convives faméliques et prévoyants qui bourrent à la fois leur estomac et leurs poches.

Chaque soir, André allait se promener sur la route des Capucins. C'était la route du paradis; il en aimait jusqu'à la poussière, et les cailloux lui riaient aux regards. Ce n'était pourtant qu'à la hâte et furtivement qu'il rencontrait les dames Costa. Elles apparaissaient voilées, par les sentiers de traverse, dans l'ombre des oliviers comme des dryades, et elles s'enfuyaient bien vite, après un serrement de mains et quelques douces paroles. Elles risquaient beaucoup pour lui, elles avaient peur : si quelqu'un les apercevait...

elles seraient perdues... le monde était si méchant.

Il ne vint pas une seule fois à la pensée d'André de se demander si la crainte des rumeurs d'une petite ville était le seul motif d'effroi pour ces dames. Il leur avait promis de ne questionner personne, de ne point parler d'elles ; et il tenait religieusement cette promesse. Sa seule inquiétude était de savoir s'il était aimé d'Hélène, autant qu'il l'aimait lui-même. Certains mots, certains regards, certains silences, le faisaient espérer ; mais ces frêles indices s'évanouissaient devant un examen sérieux ; il redoutait de prendre les rêves de son cœur pour des espérances, et ses désirs pour des réalités.

Un moyen simple et pratique de lever ses doutes, c'était d'interroger Hélène. Mais l'excellente madame Costa ne quittait jamais sa fille, et tout en encourageant une intimité qui étendait les limites de l'amitié fraternelle, elle ne semblait pas se prêter à une liaison plus délicate, plus profonde.

Ces difficultés excitaient l'amour, en désespérant l'amoureux ; elles avaient au moins cet avantage de tenir l'esprit d'André en prodigieuse activité. Après quelques semaines d'efforts, il s'arrêta à un expédient audacieux, mais qui, dans la circonstance, était le seul dont il pût raisonnablement s'aviser.

Il écrivit de sa plus belle anglaise, sur son plus beau papier, une touchante déclaration, et la mit dans sa poche, en attendant un moment propice pour la donner à Hélène, soit à la promenade, soit pendant les essais de musique, tandis qu'elle serait au piano.

André garda quinze jours son épître qui le brûlait sans s'attiédir, guettant une occasion qui le fuyait sans cesse. Enfin, pendant une promenade aux Capucins, il crut toucher au moment suprême. Il tenait sa lettre roulée entre ses doigts et marchait à côté d'Hélène. Tout en causant, il cherchait à lui faire comprendre son embarras par des clignements d'yeux et par des gestes de sa main libre ; mais elle ne semblait pas remarquer cette pantomime, ou bien elle ne s'en expliquait pas le motif, car plusieurs fois elle le regarda d'un air étonné qui le déconcerta. Il était cependant bien décidé à ne pas remporter sa lettre.

Profitant d'un moment où Hélène ramassait les plis de sa robe pour franchir plus aisément la rigole d'un champ qu'ils traversaient, il se tint contre elle et lui fit toucher le papier; mais elle retira sa main, et refusa de prendre la sienne qu'il lui tendit aussitôt pour l'aider à sauter. Cette fois elle avait compris. Renouveler la tentative, ce pouvait être non-seulement une maladresse inutile, mais aussi un outrage qu'elle ne lui eût pas pardonné. Il se tint prudemment à distance, et remit la lettre dans sa poche. André revint le cœur bien gros. Que signifiait cette réserve? Était-ce indifférence absolue, ou seulement prudence et précaution? Hélène craignait-elle son amour ou seulement l'œil peu sévère de madame Costa? Devrait-il se reprocher une démarche par trop cavalière, et lui, amoureux comme Werther, avait-il été hardi, insolent comme Faublas?

Par moments, essayant d'évoquer sa raison quand il n'appelait que sa folie, André se demandait s'il n'avait pas un rival, et si *l'autre*, l'homme au *palco*, n'était pas le seul obstacle à une réponse favorable de la part d'Hélène.

Comment, se disait-il, supposer que jeune, belle, douée de toutes les grâces de l'amour, fêtée, entourée, elle ait gardé pour un étranger, pour un inconnu, pour un pauvre garçon, l'amour sollicité par les regards de toute la jeunesse de la ville?

Il était vrai qu'Hélène vivait retirée dans l'ombre, comme une violette, et qu'elle l'avait accueilli spontanément, sans coquetterie, mais sans crainte de faire des jaloux. Comment se serait-elle montrée si affectueuse, si bonne, avec un sentiment qui n'eût été que la pitié banale, que l'amitié vulgaire? hélas!

André ne savait, ne découvrait, n'affirmait qu'une chose, c'est qu'il aimait éperdument, follement, à vivre, à mourir de cet amour, et qu'il voulait, coûte que coûte, pénétrer le mystère de cette destinée de joie ou de larmes réservée à son cœur. Il se jura de provoquer une explication, un esclandre s'il le fallait, pour arriver à la connaissance de la vérité.

XI

On était au temps des moissons, dans le poétique messidor de Fabre d'Eglantine.

Un soir qu'André avait rencontré les dames Costa sur le chemin des Capucins, au moment où elles se disposaient à le quitter, il les pria avec tant d'insistance de prolonger leur promenade, qu'elles voulurent bien y consentir.

C'était une soirée chaude et magnifique : semblable au Phénix qui se consumait sur un bûcher d'encens et de myrrhe, le soleil mourant s'entourait d'une pourpre splendide. L'or, les feux du diamant, du rubis, de la topaze, irradiaient de son sein et couronnaient le sommet des arbres, la crête des collines.

Toute la nature, touchante dans sa stupeur, exhalait son deuil par les mille voix mélancoliques du crépuscule, et les cloches, se lamentant dans les airs, tintaient l'harmonieuse agonie du roi du monde. De lourds chariots, remplis de gerbes, roulaient à travers les champs dénudés, au milieu des tarentelles des moissonneurs, qu'accompagnait le grave mugissement des bœufs fatigués. C'était le tableau théâtral de Léopold Robert.

André et les dames Costa marchèrent en silence, loin de la grand'route, le long des haies d'aubépines en fleurs; tous les trois rêvaient.

Ils allèrent ainsi jusqu'à une ferme.

— J'ai soif, dit Hélène.

— Entrons, fit la mère, nous nous reposerons.

Après avoir franchi la porte, ils se trouvèrent dans une grande cour, où se vautrait un troupeau de porcs. Les chiens, enchaînés dans leur niche, aboyèrent avec fureur.

Une femme parut sur le seuil de l'habitation.

— Avez-vous du lait? demanda madame Costa.

— Non, madame, les vaches ne sont pas rentrées, mais j'ai du bon vin.

André regarda Hélène.

— Cela vous plait-il?

Elle eut un mouvement d'épaules qui voulait dire : peu m'importe ! Et tous les trois suivirent la paysanne dans une chambre où elle les pria de s'asseoir, en attendant qu'elle allât chercher le vin.

La chambre avait un réjouissant aspect de propreté. Un sable fin et doré couvrait les grandes dalles de lave; sur les murs blanchis à la chaux, des fresques grossières riaient du rire aigu de leurs vives couleurs; sur un treillage qui encadrait la fenêtre ouverte, grimpaient follement des capucines, des pois de senteur qui mêlaient leur faible parfum à la bonne odeur du pain cuit.

La paysanne rentra pour étaler, sur une table

de sapin brut, une belle nappe blanche, et pour déposer une bouteille et trois verres.

Madame Costa réclama de l'eau.

— Tout de suite, répondit la fermière.

André versa le vin et le goûta :

— Il est frais, dit-il en faisant la grimace. Je ne pense pas, malgré tout, que vous puissiez le boire.

La femme revint avec un pot d'eau ; mais, cette fois, elle portait entre ses bras un marmot enveloppé de langes.

Hélène tendait nonchalamment son verre ; elle fut tout émue et se leva en voyant l'enfant.

— Il est à vous ? demanda-t-elle brusquement à la paysanne.

— Ouï, *madame*, c'est mon dernier.

Hélène soupira faiblement, laissa aller son regard de l'enfant à André et rêva.

Madame Costa caressait le bambino, puis comme elle avait une grande aptitude pour les observations d'économie domestique, elle sortit en disant qu'elle allait visiter la ferme.

— Quel âge a-t-il ? reprit Hélène en s'adressant à la jeune mère.

— Dix-sept mois.

— Est-ce une fille ?

— Non.

Pourquoi Hélène sourit-elle ? Pourquoi sembla-t-elle heureuse d'apprendre que cette pauvre petite créature innocente ne serait pas une femme ?

— Quel joli petit ange ! dit André.

— Le jour, oui, monsieur, répondit la mère, parce qu'il peut téter à toute heure à la chèvre; mais la nuit, c'est un diable. Il n'y a pas d'enfant plus criard que celui-là ! Oh ! le méchant ! Et pourtant, monsieur, j'en souhaite un tout pareil à votre dame.

Hélène devint rouge, André vida son verre. En ce moment, les chiens aboyèrent dans la cour.

— Voici les vaches, reprit la fermière, je dois aller les faire rentrer. Excusez-moi, monsieur, madame ! Et elle sortit.

C'était la première fois qu'André se trouvait

seul avec Hélène. Il avait appelé de ses vœux les plus ardents cet instant décisif que lui offrait le hasard. Le moindre incident pouvait l'abréger ; madame Costa allait rentrer sans doute ; chaque minute valait une heure, il le savait, et le pauvre amoureux ne trouva pas un mot à dire ; le souffle expira sur ses lèvres ; il sentit le cœur lui manquer.

Par contenance, il donnait de petites chiquenaudes à sa redingote couverte de poussière, et il s'appliquait avec grande attention à cette besogne insignifiante.

Hélène, pour n'être pas en reste, arrangeait ses manchettes ; mais bientôt elle alla s'accouder à l'appui de la fenêtre, laissant errer ses yeux sur les collines lointaines. Le miroitement singulier de ses prunelles semblait ne lui faire voir les objets qu'à travers une larme ; elle avait ôté son chapeau en entrant dans la chambre ; un fil de soie retenait mollement ses beaux cheveux noirs.

André s'approcha doucement et se tint derrière elle, immobile, enivré ; puis, elle sentit sur son cou la chaleur d'une haleine; à ce moment elle baissa la tête en soulevant les bras, pour renouer les cordons de sa résille. Ce mouvement dégagea la forme pure de sa taille, dont une robe à corsage uni moulait les délicieux contours.

André, à cette vue, devint fou; ne sachant ce qu'il faisait, il posa ses deux mains autour de la ceinture d'Hélène. Elle se recula en frissonnant, et lui lança un regard qui le fit pâlir.

— Pardon! murmura-t-il d'une voix éteinte; puis, voyant qu'elle se dirigeait vers la porte, il eut la force d'ajouter :

— Vous me méprisez?

C'était la question qu'il lui avait déjà adressée au théâtre.

— Et vous, répliqua-t-elle, ne me méprisez-vous pas?

— Hélène! par pitié! pardonnez-moi!

— Je vous pardonne, dit-elle, en s'arrêtant sans se retourner, vous m'avez fait bien de la peine... Ce n'est pas de vous que j'attendais ces audaces.

— Si vous saviez !

— Ne cherchez pas d'excuses, si vous voulez que j'oublie.

— Je n'ai pas été maître de moi, Hélène, je vous...

— Taisez-vous ! taisez-vous ! ou je sors, ajouta-t-elle avec une sorte de colère, en touchant le bouton de la porte.

André ne dit plus rien ; il laissa tomber son front dans ses mains et resta immobile, morne, désespéré ; il devenait ainsi bien éloquent.

Hélène se détourna peu à peu, le vit, et s'approcha lentement en lui tendant la main.

— Voici la main d'une sœur, André, dit-elle de sa voix mélodieuse, chargée de mélancolie ; si vous la prenez, vous vous engagez formellement à n'être et à ne vouloir être qu'un frère pour moi. Si vous la repoussez, je ne pourrai plus vous revoir.

— Vous êtes bonne et vous êtes cruelle, Hélène, répliqua-t-il, ou plutôt vous ne savez pas comme vous me faites souffrir. Votre frère ! moi, ô Dieu ! vous me ravissez et vous me tuez! oubliez ce que j'ai fait; ne craignez rien de ce que je puis dire, mais ne laissez pas un abîme entre mon cœur et vous. Donnez-moi votre main comme un gage de pardon et non comme une sentence!... Mais si dans votre cœur il n'y a de place que pour une amitié fraternelle, si vous avez déjà donné cette affection que j'implore à genoux, c'en est fait, je suis perdu...; peut-être aurais-je pu me résigner hier à ne vous demander jamais un aveu, quoique ce doute empoisonnât mes jours; mais devant la condition que vous m'imposez aujourd'hui, je sens que si je ne dois plus vivre d'une attente, dont vous connaissez maintenant le secret, il faut que je meure de mon désespoir!

Hélène était très-émue; le soulèvement de son sein trahissait son agitation.

— Eh bien! soyez perdu ainsi, dit-elle avec violence; cela vaut mieux pour vous et j'en aurai moins de remords!

Comme André, sans comprendre, la regardait, elle se retourna fiévreuse, irritée, et vint à lui.

— C'est vous qui êtes sans pitié !... vous vouliez me voir pleurer, n'est-ce pas ? Soyez satisfait ; voilà mes larmes.

Elle pleurait en effet, et par un geste d'une familiarité farouche, elle saisit la main d'André qu'elle porta à sa joue toute mouillée. Le pauvre garçon tremblait et se sentait bouleversé par l'explosion de cette douleur, qui dépassait en violence la légitime indignation d'une jeune fille offensée ; il regardait sa main humide des pleurs d'Hélène, et il n'osait la porter à ses lèvres. Elle continua avec un sanglot :

— De quel droit me parlez-vous d'amour ? Pourquoi troublez-vous ma vie ? J'étais calme avant de vous connaître. Vous êtes venu, et ma tranquillité s'en est allée. Vous me torturez de vos souffrances ! et, pourtant, si je vous écoutais, un jour vous me reprocheriez de vous avoir infligé une horrible torture !... Vous n'avez donc pas compris que je voulais vous lasser !... Tenez, il est temps encore, partez !... Mon courage vous tue, dites-vous ? ah ! ma faiblesse vous tuerait aussi sûrement ! Je ne veux rien vous accorder de plus que ce que je vous ai déjà donné. Désespérez donc tout de suite ! Mourez ! tuez-vous ! J'essaierai d'en mourir.

Elle s'élança aussitôt vers la porte, l'ouvrit vivement et disparut.

André tomba à genoux, les bras étendus, en criant : — Hélène !... Hélène !... Mais la jeune fille avait rejoint sa mère, et l'entraînait vers la ville.

. . . .

Le lendemain, en arrivant à son bureau, André apprit que Mosès avait la fièvre. Il courut à la chambre du banquier, et le trouva dans son lit. Le médecin était auprès de lui ; la servante pleurait dans un coin.

— Ce n'est rien, mon cher André, dit le banquier en souriant, le mal a été pris à temps ; j'en serai quitte pour un repos forcé de quelques jours. Mais cela tombe mal. Je devais aller à N... pour quelques affaires urgentes ; je crains que vous ne soyez obligé de faire ce voyage à ma place.

Trois jours après, la fièvre avait diminué ; mais le médecin défendait expressément que Mosès sortît de la maison avant d'être complétement rétabli.

Le banquier fit appeler André et lui expliqua la nécessité d'aller à N...

Cette absence pouvait être de deux ou trois semaines. André reçut un coup terrible dans le cœur... Trois semaines sans voir Hélène, sans obtenir d'elle une explication, un adoucissement, un pardon ! André s'empressa d'écrire à ces dames Costa, pour leur faire part de cette cruelle nécessité, et pour les supplier de venir recevoir ses adieux le soir même.

Elles furent exactes au rendez-vous.

— Eh bien ! lui dit madame Costa avec sa rudesse maternelle, voilà une bonne aubaine pour vous ! vous allez voir une belle ville, qui vous distraira de la monotonie de ce pays-ci.

Hélène avait salué gravement, sans rancune, mais sans promesse, et se tenait silencieuse.

— Hélas ! répondit André, rien ne me distraira ; je m'étais fait une si douce habitude de vous voir ! Ce que vous appelez la monotonie de cette ville était pour moi le bonheur calme, régulier ; j'ai peur de l'absence, comme les enfants ont peur de la nuit. Ce voyage me portera malheur !

— Comme les sentiments aident vite aux habitudes, reprit en riant madame Costa. Il y a six mois à peine, il vous était indifférent de vivre ici ou là, en Italie, plutôt qu'en Allemagne.

— Ces six mois ont pesé comme six années dans ma vie et dans ma pensée, dit gravement André ! Il y a six mois, je passais ; aujourd'hui je demeure. Il y a six mois, j'étais exilé, maintenant j'ai l'espérance d'une nouvelle patrie ; dans cette ville, où j'étais venu chercher seulement le travail et le repos, j'ai trouvé la vie de l'âme, et je pense trouver le bonheur !

— Le bonheur ! murmura Hélène de sa voix sonore ; puis elle ajouta en soupirant : — Dieu vous entende !

— Dieu m'a entendu, reprit André avec audace.

— En vérité, répliqua Hélène, vous êtes privilégié ; j'ai perdu, moi, l'habitude de l'invoquer ! Je n'attends plus rien de lui !

— Rien ?

— Non, monsieur, rien !

Un nuage parut descendre et peser sur les trois promeneurs. Madame Costa sembla murmurer quelques paroles à l'oreille de sa fille, l'exhorter, sans doute, à dissimuler sa tristesse, à donner pour adieu quelque parole moins décourageante à André ; puis, voyant qu'elle ne réussissait pas, elle dit avec amitié au pauvre amoureux, en lui prenant les mains :

— Je vous garantis, moi, un bon voyage, un heureux retour, et tous nos vœux pendant votre absence !... Trois semaines ! ce n'est rien ! Vous avez été souvent plus de trois semaines sans nous voir !

— C'est vrai, murmura André, qui n'osa pas dire que, pendant ces intervalles dont parlait madame Costa, il n'avait jamais cessé de venir chercher Hélène aux endroits mêmes où il l'avait vue, et que fouler l'herbe foulée par elle, que voir l'horizon vu par elle, ce n'était pas la quitter tout à fait.

— Vous me permettrez de vous écrire ? demanda-t-il à la mère.

— Nous sommes venues pour vous en prier, lui répliqua-t-elle.

— Et vous me répondrez...

Madame Costa regarda sa fille.

— Je vous répondrai, je vous le promets.

Sur cette assurance, ils se séparèrent, et le lendemain matin André était en route.

XII

Des lettres, que j'ai lues et qu'il est inutile de transcrire, furent échangées. André devint hardi, expansif, éloquent, superbe de jeunesse, d'amour, dans ces lettres; il enfouissait son âme sous les mots, comme le barbier du roi Midas enfouissait le secret de son maître; mais André voulait que chaque ligne de ces pages brûlantes s'agitât comme un roseau révélateur et dît bien, sur tous les tons, ce qu'il voulait faire dire à Hélène.

Les réponses de madame Costa étaient gaies, maternelles, avec une raillerie douce, qui, sans défendre à André d'espérer, lui défendait toute impatience. Le seul mot qui vibrât au fond de toutes ces expansions d'André était le seul qu'il n'écrivît jamais, le mot *amour*, et madame Costa répondait en parlant de l'amitié très-vive et des dispositions à la confiance qu'elle sentait dans Hélène.

Cette correspondance pouvait être sincère, naïve ; on pouvait n'y voir que les alarmes prudentes d'une mère de famille, que les précautions d'une femme excellente, jalouse d'accommoder les excitations de sa sympathie personnelle pour un jeune homme intéressant, avec les réserves que la tutrice d'une belle jeune fille, exposée aux regards et aux commentaires d'une petite ville, devait observer. Mais il ne manquait rien non plus à ces lettres pour qu'elles fussent la manœuvre d'une coquetterie savante, arrivée à la naïveté à force de souplesse et de rouerie.

André était pur ; la passion qui l'agitait l'empêchait de chercher des sous-entendus dans la parole des autres. Lui qui ne mettait aucun sous-entendu diplomatique dans ses paroles, il ne savait ni calculer ses offres, ni deviner dans les conseils, dans les semonces maternelles de madame Costa, une excitation, *une fuite vers les saules ;* aussi, prenant dans leur sens littéral les dernières lettres reçues de R..., crut-il de bonne foi qu'il avait un peu compromis ces dames par ses assiduités, qu'on savait le secret de leurs rencontres, et qu'on le priait sincèrement de suspendre ses visites, ses démarches ; il était désespéré. Mais l'amour embaumait ses déchirures et les lui faisait chérir à l'égard des bonheurs accordés.

Hélène ne s'était jamais manifestée dans ces lettres ; on sentait la chaleur de son regard, ou la froideur de sa parole, dans les missives de madame Costa, mais elle-même n'avait jamais ajouté un mot en post-scriptum.

André cherchait à respirer ces lettres comme s'il eût pu reconnaître le souffle de la fière jeune fille imprégné dans ces pages énigmatiques. Il voulait se persuader que, timide, réservée, hésitante, elle le forçait de deviner ce qu'elle ne voulait pas, ce qu'elle ne pouvait pas dire, et il se livrait alors à des efforts inouïs de pénétration et d'analyse...

Au bout d'un mois, l'affaire terminée, André revint à R... Mosès était en pleine convalescence; il félicita son commis, lui remit les livres et l'exhorta à continuer, l'assurant qu'il avait toutes les aptitudes d'un excellent banquier.

André voulut profiter de ce retour pour oublier. Il se mit au travail avec ardeur; mais comme les chiffres démentaient les prédictions de Mosès et riaient d'un air ironique, presque lugubre, aux yeux du jeune comptable !

Il s'était juré de ne pas aller chez Hélène. et le lendemain de son serment il se consumait en désirs effrénés d'y manquer. Sa résolution cependant dura huit jours.

Au bout de ce temps, il rencontra dans une rue madame Costa; il la salua sans oser la regarder, et se disposait à poursuivre sa route, quand il *sentit* qu'elle s'arrêtait; il revint aussitôt sur ses pas et s'approcha d'elle :

— Vous êtes fort aimable ! lui dit-elle en

riant, vous passez devant moi comme devant le saint-sacrement sans lever la tête.

André balbutia quelques mots d'excuse, mais il était ravi d'être grondé.

— Vous arrivez ?

— Il y a huit jours que je suis revenu.

— De mieux en mieux !... et vous vous portez bien ?

— Il ne faut pas m'en vouloir, reprit le jeune banquier; vos lettres m'ont donné des remords; j'ai peur de moi-même, je crains de faire une sottise; mais je souffre, croyez-le.

— Pourquoi, du moins, ne m'avoir pas avertie de votre retour par un mot? Vous me gardez rancune de quelques conseils, de quelque petite moquerie, n'est-il pas vrai ?

— Non, madame... Vous m'avez écrit avec sagesse et avec bonté... Je ne sais rien du monde, et vous avez raison, il faut que j'en fasse l'étude pour n'y compromettre personne, ni moi-même.

— Suivez mes conseils, reprit madame Costa. Votre tort n'est pas de nous voir, mais de ne voir que nous La société de ce pays, médisante pour ceux qui la fuient, accueille volontiers ceux qui viennent à elle. On ne demande qu'à vous recevoir. Allez dans le monde ! nous vous y rencontrerons.

— J'essayerai, puisque désormais je ne pourrai plus vous voir que chez les autres.

— Comme vous dites cela ! pauvre proscrit ! les beaux jours ne sont pas finis. Nous aurons encore de belles demi-journées sur le cours...

— Oui, devant le monde.

— Enfant ! puis... le soir, quelquefois... aux *Capucins !*

— Oh ! là, vous me trouverez toujours, dit André avec chaleur.

Ils se serrèrent la main et se séparèrent.

André fut plus bouleversé de cette rencontre que s'il s'était trouvé tout à coup en présence d'Hélène. Il se sentit soulevé de terre et secoué comme par les premières menaces d'un ouragan.

C'était la passion un instant refoulée, contenue, qui revenait sur lui avec force, pour le reprendre tout entier et ne plus le lâcher.

Il voulut pourtant résister ; et, appelant à son aide toute sa raison, pour la première fois de sa vie, il voulut analyser définitivement, afin de n'y plus revenir, les impressions qui avaient tant fatigué son âme. Dans cette analyse sincère, elles se décomposèrent, se désunirent comme l'alliage dans la coupelle ; puis, elles se vaporisèrent, et, lorsqu'il regarda au fond du creuset, il aperçut, au milieu d'un résidu de crasse et d'écume, quelque chose de brillant. C'était l'or !

Toutes les illusions qui avaient brillé dans sa tête s'étaient dispersées en fumée. Son amour avait résisté à l'épreuve et demeurait pur, solide, étincelant !

Il comprit alors que la vie n'était point le poëme qu'il avait rêvé, que les enchantements auxquels il avait pu s'abandonner, que les contemplations dans lesquelles son imagination s'était tant de fois perdue, n'avaient été qu'une féerie mensongère, des rien dorés. Ce qui était réel, c'était son amour cuisant, nécessaire, exigeant, dépouillé de ces parures de dévouement, d'abnégation, de platonisme. Il se réveilla et il entra dans la clarté de la vie.

« Si vous priviez l'homme de ses chimères, que lui resterait-il ? » dit Fontenelle. Il restait à André, après toutes ses chimères perdues, la plus formidable des chimères, un amour absorbant, jaloux, terrestre, humain.

Tant qu'il n'avait vu cet amour que dans le mirage de sa pensée, il n'en avait pas remarqué les impossibilités; ses douleurs lui paraissaient les aiguillons sacrés, les blessures qui méritent la victoire. Mais quand il se trouva face à face avec la vérité, la réalité, quand son amour, devenu lingot, lui pesa dans la main, il sentit qu'il portait en lui une source intarissable de chagrins; car il désespérait de pouvoir jamais sonder le mystère du cœur d'Hélène.

Ce n'était pas au milieu du monde, dans un salon, sur le cours, dans les rues, qu'il pouvait attendre d'elle l'aveu sincère vainement imploré dans leur tête-à-tête à la ferme. Le découragement s'empara de lui. Il lui vint un insurmontable dégoût pour tout ce qui l'entourait. L'auberge, la ville, le bureau, le ciel, les promenades, ce qu'il faisait, ce qu'il disait, ce qu'il mangeait, tout lui semblait incolore, fade ; il mâchait sa vie.

Parfois il s'abandonnait à des rages impuissantes contre la destinée, qui lui avait mis l'amour au cœur comme un venin. Il ne se disait pas qu'il avait un peu violenté cette destinée, et qu'il s'était habitué à ne rien voir, à ne rien chercher en dehors de l'amour. Il n'avait pas admis un seul moment qu'on pût vivre sans passion. Dès lors, le travail, le devoir, toutes les obligations sociales n'étaient plus pour lui que des accidents qu'il subissait par habitude sans croire à leur légitimité ; et, si honnête, si loyal, si bon qu'il fût par nature, André était exposé à devenir bien vite malhonnête, déloyal et méchant, puisqu'il ne voulait pas mettre autre chose que son amour égoïste dans sa conscience. En attendant, il accusait le sort d'être injuste et cruel.

Au moral, André ressemblait fort à ce forçat qui se lamentait d'être arbitrairement condamné pour avoir volé des bottes à l'étalage d'un cordonnier. A la vérité, le cordonnier avait voulu défendre ses bottes, et le forçat, sans y prendre garde, avait un peu tué le cordonnier.

Les sarcasmes du prince Tor... s'offraient par instants à l'esprit du pauvre jeune homme, comme une arme solide bonne à repousser ces coups bizarres de l'amour.

— Si j'avais cette force de caractère, cet art de dominer mes sentiments, se disait-il en lui-même, je ne craindrais rien. Si j'osais consulter le prince... Pourquoi pas? C'est lui qui m'a toujours adressé la parole le premier; ce grand railleur m'a montré un peu de sympathie. Qu'il me trempe dans les eaux glaciales où il a puisé sa force, et je serai invulnérable.

André se dirigea vers le pied-à-terre que le prince possédait à R... et tout le long du chemin, en dépit de lui, il souhaitait secrètement de ne pas rencontrer le conseiller auquel il allait s'adresser. Ce qu'il gardait au fond de l'âme de naïveté, d'appétit de sacrifice, se révoltait contre la tentation de cette expérience desséchante. C'était pour assurer sa foi et non pour l'éteindre, que ce néophyte de l'amour voulait demander l'appui d'un incrédule, d'un impie.

Comme il frappait à la porte du petit *palais* habité par le prince, l'homme aux lunettes sortit.

— Ah! ah! c'est vous, monsieur, dit-il en riant.

André se trouva tout à coup honteux, confus d'avoir eu l'audace de venir, et d'avoir l'audace de parler; il balbutia quelques paroles d'excuses, s'autorisa de la bonté du prince, d'un service à réclamer.

— J'entends, j'entends, dit le prince, vous vous amusez, et l'amour coûte un peu cher. Vous n'en êtes pas encore à dévaliser la caisse du vieux Mosès... et vous avez pensé que la mienne était ouverte. Puissamment raisonné, jeune homme! Combien vous faut-il?

André recula avec dégoût.

— Il ne s'agit pas d'argent, monsieur.

— Tant pis, car c'était facile. Est-ce un duel ?

— Non, monsieur, simplement un conseil.

— Ah ! prenez garde, vous voulez que je radote ; je vous ai donné en une fois le fonds de ma sagesse, qu'ai-je encore à vous apprendre ?

André raconta son amour et son supplice.

— *Povero* ! dit le prince, en lui passant sa main sèche et nerveuse dans les cheveux, et en lui secouant un peu la tête ; vous avez affaire à une niaise ou à une coquine. Je sais bien, moi, pour quelle supposition j'opterais ! Quel dommage que je parte dans une heure ! Je m'amuserais de vous rendre heureux ! Mais, mon cher enfant, la première entremetteuse venue vous en apprendra autant que moi et vous servira mieux. Je vais à la campagne, pour une sotte affaire. Un de mes fermiers a surpris sa femme en conversation trop intime avec un voisin. L'imbécile a joué du couteau et a tué sa femme en estropiant son rival. Je vais le tancer d'importance et le chasser, si la justice me le permet. Dans une quinzaine, je serai de retour. D'ici là, ne vous tuez pas et ne tuez personne! la plus jolie femme ne vaut quelque chose que quand elle est assortie à un homme d'esprit. Puisque vous m'avez pris pour confident, j'accepte ce rôle, et je veux commencer une enquête sur la belle personne qui vous tient rigueur. On n'est pas Italien sans se connaître en police. J'ai été diplomate en amour et amoureux. Je vous promets dans quinze jours, si d'ici là vous ne savez pas tout ce que vous voulez savoir, une gerbe de verités. Allons, courage, mon ami! On pardonne tout dans le monde, la fourberie, l'insolence, la violence, tout, excepté la niaiserie. Ne soyez pas niais... ou je vous abandonne; je vous tirerais des griffes du diable, mais je n'ai jamais pu rien faire d'un nigaud. On se lave d'un crime; on ne se lave pas d'une bêtise.

Et tout en exhortant ainsi André, qui hochait la tête et semblait ne pas vouloir profiter de ces étranges conseils, le prince hâtait le pas et se dirigeait vers la gare du chemin de fer.

André se retrouva plus triste, plus accablé, en se retrouvant seul. Il s'en voulut d'avoir été réclamer l'appui, l'amitié de ce moqueur implacable pour qui l'humanité n'était qu'un théâtre de marionnettes.

— Heureusement, pensa-t-il avec découragement, dans quinze jours je serai parti, ou j'aurai si bien désespéré que je serai mort.

Comme il revenait lentement vers son bureau, un son d'instrument, un souffle d'air, je ne sais quoi, lui rappela tout à coup sa première rencontre, sa première vision à R..., cette jolie dame qui, en l'initiant à la musique profane, l'avait initié à l'amour, à la passion. Il opposa ce tableau charmant, cette excitation généreuse aux effroyables moqueries du prince, et il se demanda avec un redoublement de ferveur s'il ne valait pas mieux, pour son honneur intime, pour sa conscience, souffrir d'un amour ardent, pur et inassouvi, que de chercher dans la réalité l'apaisement et le mépris. Il lui sembla qu'un pacte avait été conclu entre lui et cette fugitive étrangère entrevue un jour, et qu'il devait se conserver chaste, honnête, intrépide pour ne rougir que de timidité quand il la reverrait, s'il devait jamais la revoir.

XIII

Deux fois en huit jours, et c'était bien peu pour lui, André rencontra ces dames Costa sur le chemin des Capucins.

Hélène était bien changée: elle semblait ne sortir d'une apathie constante que par une inquiétude nerveuse qui effrayait André. Que se passait-il donc dans ce cœur singulièrement voilé ?

Le pauvre garçon rentrait chez lui, découragé, désenchanté, malheureux. Il prenait la résolution de déclarer ouvertement cet amour qui le tuait, de contraindre Hélène à s'expliquer. Mais le souvenir de la scène de la ferme l'arrêtait tout à coup. Il préférait ses appréhensions, si violentes qu'elles fussent, à une certitude qui le forcerait à régler sa destinée.

Au bout de quinze jours il n'était pas plus avancé : le prince Tor... allait revenir et se moquerait de lui. Mais il reçut une lettre de l'homme aux lunettes, qui restait toujours à la campagne.

« Je ne vous ai pas oublié, mon jeune élève, lui écrivait ce philosophe cynique, mais j'avais oublié un rhumatisme qui est venu se rappeler à mon souvenir. J'ai recours à mon secrétaire pour vous tracer ces lignes. C'est vous dire assez que mes informations, en ce qui vous concerne, sont un peu en retard. J'ai laissé condamner mon fermier, qu'on a eu la mauvaise idée de juger le jour de l'un de mes accès. Je le ferai évader. Quant à vous, où en êtes-vous ? Faut-il faire pleuvoir les fleurs ou les coups ? Faut-il vous féliciter ou vous maudire ? Avez-vous été *spirituel* ou *niais* ?... »

La lettre continuait sur ce ton. André la déchira et résolut de ne pas répondre ; il eut le courage de tenir sa parole. L'absence du prince se prolongea, soit qu'il eût toujours ses rhumatismes, soit qu'il fût en voyage, et André se félicita de n'entendre pas parler de lui.

On touchait à la fin des beaux jours ; les vendanges étaient faites, on commençait à veiller chez Mosès. La vie d'André reprit en apparence son train normal, uniforme, plein de monotonie ; puis, vint l'hiver.

Le souvenir des plaisanteries de Mosès, le lendemain du fameux bal des Deffely, empêchait André de continuer ou de nouer des relations qui lui eussent tenu ouvert le salon des nièces de Monseigneur. Bien que les railleries du juif eussent été enveloppées de beaucoup de douceur, le jeune caissier comprenait fort bien que son patron ne l'avait pas vu avec indifférence « pénétrer dans le camp ennemi », et, sans partager en aucune façon les doutes du banquier sur les piéges tendus par les MM. Deffely, il s'était néanmoins persuadé que la présence du commis dans une société d'où le patron était exclu pouvait choquer des convenances, et il avait pris la ferme résolution de n'y plus paraître.

C'était pourtant le seul endroit où il eût pu parler à Hélène, où il eût pu surtout en parler et en entendre parler. Car bien des choses, dans l'existence des dames Costa, lui paraissaient par instant mystérieuses, inexplicables, et, se croyant lucide parce qu'il était ébloui, il eût pu, pensait-il, observer, juger et conclure dans le monde.

Souvent, les dimanches, il se promenait sous les portiques de la place pour *la* voir entrer à l'église; puis, il se morfondait pendant une heure pour *la* voir sortir. Il *la* saluait de loin ; elle inclinait la tête, et c'était tout ! Il revenait chez lui plus désespéré que jamais.

— C'est fini ! s'écriait-il, il n'y faut plus penser, c'était un rêve !

Et il y pensait plus que jamais. L'ennui le rongeait; le prince Tor..., qui décidément s'était moqué de lui, ne lui écrivait plus. Il s'irritait de ce que ce sceptique implacable ne lui envoyait aucune raillerie, ne lui déchirait aucune partie du cœur : il se plaignait de ne pas souffrir davantage, sentant un appétit d'amour dans l'appétit de la souffrance.

Que sa chambre lui paraissait menaçante dans cette auberge où flottait par instants l'ombre légère, aérienne, impalpable de cette fée qui lui avait révélé l'amour par le sentiment de l'art ! Si elle était là, si elle revenait, cette étrangère, cette grande dame, il s'agenouillerait devant elle, il lui dirait :

— Puisque je ne puis aimer, puisqu'on ne veut pas que j'aime en réalité, laissez-vous aimer en rêve, vous, ma poésie, vous qui m'avez ouvert l'âme, sans y descendre et sans la remplir.

Mais il retombait, le pauvre amoureux, de cet élan platonique dans les tortures brûlantes du désir. La fièvre de ses veines se vengeait de ces échappées extatiques : il voyait Hélène telle qu'elle était, belle, désirable, attirante ; il voulait en être accepté, et ses lèvres se desséchaient au feu de baisers impatiemment contenus.

Un matin, après une nuit d'insomnie, il se

jeta brusquement hors de son lit, plongea sa tête dans l'eau froide, crut avoir recouvré la raison et se dit :

— C'est décidé, je retourne à Francfort !

Puis, il s'habilla à la hâte et sortit.

Sept heures sonnaient ; il se dirigea vers le chemin de fer. Arrivé à la gare, il consulta les tableaux de départ et prit des notes sur son carnet comme s'il faisait la chose la mieux raisonnée du monde. Ayant besoin d'un renseignement, il chercha un employé. Les bureaux étaient vides, les portes ouvertes : il traversa la voie et alla s'asseoir sur un banc contre la cabane de l'aiguilleur. Un vent vif, soufflant de l'Apennin à travers la plaine, le fouettait au visage. Il ôta son chapeau et releva ses cheveux en arrière pour mieux donner son front à la brise.

De cette place, ses regards planaient sur la ville. Il voyait les maisons groupées autour du grand campanile de marbre, comme les membres d'une même famille autour de l'aïeul ; çà et là se dressaient les clochers des paroisses et les hautes cheminées des fabriques vomissant leur fumée épaisse et noire, qui répandait une nuée sombre sur les murailles à créneaux...

Il demeura quelque temps, le cou tendu, les coudes sur les genoux, le menton dans ses mains, contemplant, se souvenant, l'esprit abîmé dans une rêverie profonde.

L'existence qu'il menait là depuis un an se déroulait alors comme un tableau devant lui. Dans cette longue file de jours sombres qui passaient comme les nuages de fumée, deux seuls points lumineux surgissaient : la dame de la *Traviata*, et la promenade aux Capucins, la nuit du bal. Ces deux minutes, il les avait vraiment vécues, pleinement, splendidement ; puis il était retombé dans sa nuit, plus noire encore après ces deux éclairs, travaillant, marchant, s'agitant, souffrant, sans but, sans esprit, véritable bête de somme.

— Ah! disait-il, j'ai lutté vainement contre la fatalité de la douleur! Hélène! Hélène! Si vous l'eussiez voulu pourtant !... je souffrirai moins là-bas ; je m'imaginerai que je souffre seulement de mon exil et que j'ai laissé le bonheur ici ; j'emporterai le souvenir de ces deux instants de joie qui me paraîtront meilleurs à mesure que je m'éloignerai. Ils seront la goutte de rosée dans ma solitude aride, dans mon désert... Que Dieu m'assiste ! je partirai, j'ai trop souffert... et quand je serai à bout de forces, de courage, je trouverai toujours bien un coin où je pourrai me coucher sur la terre, et, enfonçant mes ongles dans son sein, lui crier :

— Mère, couvre-moi ! Je partirai, c'est dit ; j'aurai ce dernier courage ; mais je ne partirai pas sans lui dire quelle douleur j'emporte, quel mal elle m'a fait. Je la verrai, je veux la voir pour lui crier ma douleur, ma colère, ma malédiction et mon amour dans mon adieu.

Il laissa retomber sa tête dans ses mains et demeura ainsi immobile, perdu en lui-même.

Un employé qui sortit des bureaux le rappela au sentiment de sa situation. Il entendit sonner la trompe du cantonnier, à laquelle répondit aussitôt le sifflet d'une locomotive en marche : un convoi arrivait. Il n'eut pas le temps de traverser la voie, le train s'arrêta devant lui; quelques portières s'ouvrirent, des voyageurs descendirent.

André se figura qu'il montait dans une des voitures et que ce convoi allait l'emporter loin de R... Une fois déjà il s'en était éloigné, mais le cœur encore plein d'espoir et s'enivrant d'avance de la joie du retour... La lourde machine siffla, s'ébranla, et les wagons roulèrent...

Il se vit, la tête à la portière, jetant un dernier regard au campanile de marbre et aux grands murs sombres qu'il ne reverrait jamais plus... Alors, il lui sembla que des crocs sortaient du sol et le saisissaient de tous côtés... Il poussa un cri et se dressant tout à coup :

— Non! non! dit-il avec un sanglot, je ne partirai pas, je ne veux pas partir. C'est ici que je me suis senti vivre, c'est ici que je veux mourir si je ne puis aimer ! . . . .

. . . .

Sous le péristyle du grand portail de l'église

de *San Jaccopo Maggiore*, qui était la paroisse d'Hélène, on voyait, posé sur un tabouret, une sorte de grand éventaire en osier, recouvert pendant la semaine d'une vieille toile cirée, verte, attachée avec des cordes.

Chaque dimanche, à l'heure de la messe, une vieille, à physionomie bizarre et repoussante, vêtue de guenilles et invariablement coiffée d'un serre-tête de coton noir d'où s'échappaient de grandes touffes de cheveux couleur de bronze rappelant la couronne de Tisiphone, enlevait la couverture du panier et s'asseyait sur une marche.

On l'appelait la *Girella*, à cause d'une habitude singulière qu'elle avait de balancer à droite et à gauche par un mouvement rapide et continu sa tête fortement rejetée en arrière, présentant ainsi la sclérotique sanguinolente de ses yeux aux paupières meurtries. Elle passait pour folle, courait pendant la semaine les rues et les cafés de la ville et vendait, le dimanche, les scapulaires, *Agnus Dei*, chapelets, chandelles bénites et autres brimborions qui remplissaient sa boutique ambulante.

Ce commerce et la mendicité établissaient ses moyens ostensibles d'existence; mais elle en avait d'autres, occultes et lucratifs, bien connus des libertins, et qui lui composaient un volumineux répertoire d'anecdotes scandaleuses à faire rougir des gendarmes. On la détestait et on la craignait en même temps; car, bien que d'ordinaire on achetât très-cher les promesses de discrétion qu'elle scellait de l'invocation de tous les saints du paradis, on n'ignorait pas que l'eau-de-vie avait sur sa langue la vertu présumée du vin sur celle des perroquets.

Plus d'une, parmi les belles dames qui sortaient de Saint-Jacques, baissait vivement son voile devant l'éventaire de la vieille et laissait tomber quelque monnaie dans la sébille, payant ainsi à Satan la *dîme propitiatoire* des biens qu'elle venait de demander à Dieu.

Quoi qu'il en fût, la Girella thésaurisait; elle était couchée sur le grand-livre de Mosès. André la connaissait bien, il savait à quel double commerce elle se livrait; mais il songea à se servir d'elle pour écrire à Hélène, tant son amour se sentait réduit aux ressources extrêmes, et tant l'ironie de ses souffrances, la rage d'être aimé le poussaient aux moyens expéditifs, dût la pureté de son amour être atteinte par l'emploi de ce messager! Girella était experte, et André était à bout de son inexpérience.

Rien de plus facile sans doute que d'écrire directement à ces dames Costa, pour en obtenir une réponse, un dernier rendez-vous. Mais la passion, qui commençait à rugir au dedans de lui, entraînait forcément André hors des convenances ordinaires. Il ne pouvait découvrir qu'à Hélène seule, qui en était cause, toute l'étendue de son mal. Il voulait jeter à ses pieds son âme palpitante, et selon qu'elle la dédaignerait ou qu'elle l'accueillerait, mourir ou vivre.

Il prépara donc une lettre simple, laconique et fière, qui s'excusait à peine de l'inconvenance de son procédé, tant il croyait Hélène élevée au-dessus des réserves vulgaires, et tant il était sûr de purifier de son amour, s'il était accueilli, la trace laissée par son message et sa messagère.

Le dimanche suivant, il alla sur la place à l'heure de la messe et attendit, pour s'approcher de l'éventaire, que la foule fût entrée dans l'église. C'était le moment de *presse* où l'horrible vieille débitait ses marchandises : scapulaires ayant touché les jambes de la madone de Lorette, *Agnus Dei* bénits par le Saint-Père, reliquaires sacrés renfermant des parcelles de la peau de sainte Philomène, petites brochures chargées d'indulgences, où sainte Brigitte raconte ingénument les confidences de la Vierge sur ses couches, et autres merveilles de dévotion.

André put enfin parvenir jusqu'à elle.

— Girella, lui dit-il, écoutez-moi un instant.

La vieille le reconnut et s'écria :

— Ah ! c'est vous, mon joli monsieur ! est-ce pour mes affaires ?

— Non, c'est pour une commission.

— A votre service. Je me disais aussi : ce beau garçon-là...

— Vous connaissez mademoiselle Hélène Costa?

— Si je connais la belle Hélène!... une vraie bouchée de prince!

— Taisez-vous et écoutez. Vous lui remettrez cette lettre à la sortie de la messe ou avant, comme vous le voudrez. L'essentiel, c'est qu'elle l'ait ce matin, elle seule... vous entendez?

— Si j'entends, Excellence! vous serez content. La Girella travaille proprement : une hirondelle pour la célérité, un mur pour la discrétion!

André donna un *paolo* à la vieille.

— Voilà pour votre peine. Quand vous m'apporterez la réponse, je vous en donnerai encore autant.

— Que Votre Seigneurie illustrissime soit sans crainte, elle sera servie comme un roi.

André n'avait pas dit à Hélène où et comment elle devait lui faire parvenir sa réponse, jugeant que le choix des moyens dépendrait entièrement de circonstances qu'elle apprécierait mieux que lui. Cependant il passa la journée et la soirée à son hôtel, dans une anxieuse attente. Rien ne vint.

— Ce sera pour demain, dit-il.

Et il se coucha sans dormir. Mais, le lendemain soir, quand il interrogea son hôte, rien n'était venu.

— Que veut dire cela? Ne répondrait-elle pas? Me mépriserait-elle à ce point de me faire cet outrage?

Il aima mieux croire que la vieille n'avait pas fait la commission ou l'avait mal faite, et, persuadé qu'il saurait quelque chose par la Girella, il courut sur la place Saint-Jacques, où il ne vit que l'éventaire.

— Où la trouver? se demanda-t-il.

Chercher la Girella un soir de marché c'était une œuvre impossible. André s'élança au hasard dans le dédale des rues populeuses : il fouilla les bas quartiers et colla son visage à la vitre de tous les bouges. Au bout d'une heure, il revint sur la place. L'éventaire était toujours sous le portail. André prit le parti d'attendre que la Girella vînt le chercher; mais, à huit heures, un sacristain rentra le panier d'osier dans l'église et ferma les portes.

Alors, en désespoir de cause, il s'enquit de la vieille auprès de deux gamins qui polissonnaient sur le parvis. Ceux-ci lui indiquèrent une rue et un cabaret qu'il n'avait pas visités encore. Il y courut.

XIV

André s'engagea dans une ruelle étroite, infecte, pavée de dalles humides et grasses, et coupée dans sa longueur par un ruisseau où croupissait l'eau des gouttières, arrêtée par les immondices des cuisines. Les maisons, hautes et noires, se rapprochaient tellement par le faîte, que l'on pouvait se donner la main de deux fenêtres opposées. Au-dessus de chaque porte, des lampions, fumant devant des images de la Madone, projetaient sur le mur des lueurs rougeâtres, sinistres, comme des taches de sang. Par moments, une femme, jeune, flétrie, mal vêtue, s'enfonçait, en chantant, dans un corridor noir, et, derrière elle, marchait, à pas pressés, un homme au chapeau rabattu, à l'allure douteuse, au regard farouche ou honteux.

André devina le cabaret aux bruits confus qui sortaient d'une maison, vivement éclairée à l'intérieur. Il hésita longtemps avant d'entrer. Prononcer le nom d'Hélène, penser à elle dans ce milieu effroyable, c'était une profanation! Mais André touchait à l'heure où le désir de la possession enhardit les profanateurs. Son anxiété triompha de ses scrupules ; il poussa la porte.

Il se trouva aussitôt enveloppé et à demi-asphyxié par une atmosphère dense et irrespirable, produite par la fumée des pipes et la vapeur des viandes. Dès que ses yeux purent percer ce brouillard, il aperçut quatre rangées de tables, autour desquelles une foule bigarrée buvait, mangeait, jouait, vociférait.

Dans un coin de la salle, une femme, vêtue d'une robe de velours lacée avec des ficelles, les pieds nus dans des souliers d'homme, hurlait une chanson, qu'elle accompagnait elle-même sur un violon crasseux. Près d'elle, se tenait un individu étrange, d'une douzaine d'années environ, hâve, les joues fardées, les yeux cyniques, la tête couronnée de roses; une sorte de robe en lambeaux, semée de paillettes éclatantes, couvrait son corps, dont les chairs flasques apparaissaient de tous côtés. Cet androgyne faisait, de temps en temps, le tour des tables, en agitant quelques *quatrins* dans un gobelet de cuivre. A vingt pas de là, deux bateleurs s'efforçaient d'attirer l'attention par des dislocations effrayantes, entremêlées de lazzis obscènes.

André s'approcha du comptoir, couvert de tonnelets et de bouteilles multiformes, et demanda à un homme, qui lui parut être le maître, s'il avait vu la Girella.

L'homme regarda André avec étonnement, lui fit répéter la question, et répondit avec une politesse respectueuse qu'elle n'était pas venue encore, mais qu'elle ne pouvait tarder.

— Voulez-vous me charger d'une commission pour elle ? demanda-t-il.

— Merci, dit André, il faut que je lui parle moi-même.

L'homme fit un signe, et aussitôt une femme apporta une chaise qu'il plaça près du comptoir.

— Asseyez-vous, monsieur, reprit le locandier ; prenez patience, et excusez-moi.

Là-dessus, il se tourna vers un groupe de buveurs, qui l'appelaient à grands cris.

André se mit à observer le monde bizarre qui s'agitait sous ses yeux.

Il remarqua que les gens qui entraient dans le cabaret ou qui en sortaient, après avoir jeté sur lui des regards sombres, farouches, ne manquaient pas de se découvrir en passant devant une petite niche placée contre la porte, et dans laquelle une veilleuse éclairait l'image peinte de saint Jean-Baptiste, patron du lieu.

Deux buveurs jouaient à la *bassette*, à quelques pas de sa place. Son attention fut appelée sur eux par le bruit des coups de poing qu'ils donnaient sur la table, en jetant leurs cartes. Ils étaient assis en face l'un de l'autre, se regardant, se mesurant, s'épiant comme deux lutteurs avant de se saisir. Un homme, placé derrière l'un d'eux, agitait de temps en temps les doigts, et envoyait ainsi des renseignements télégraphiques, dont l'autre joueur profitait. Tout à coup, le télégraphe fut découvert ou dénoncé. Un juron partit; les cartes volèrent; les joueurs s'élancèrent comme si le même ressort les eût soulevés, et un double éclair d'acier brilla entre eux.

Ce ne fut qu'un ouragan. Les spectateurs, les bons amis intervinrent, parlementèrent et les calmèrent. Les deux joueurs reprirent leurs cartes, en gardant leurs couteaux entre leurs genoux. C'était la paix armée. Quant aux buveurs, ils buvaient, sans s'occuper davantage de cet incident.

La femme à la robe de velours chantait toujours, imperturbable, entrecoupant sa chanson d'un dialogue *mezza voce*, avec l'androgyne.

— Va donc! va donc! je te le dis... *la disce! la disce!...*

— Je n'ose pas, dit l'autre .. *La disce ch'è malata!...*

— *Canaglia!... Por no, por no!...* Il a le sac!... *Per no mangiar polenta.*

— Regarde sa montre!... *la bella! la bella!...*

— Je crois que c'en est un de la préture.

— Non! je le connaîtrais!... *La bell' alla finistra!...*

— Hardi!... *Riguarda! riguarda!* Hue!... *Guarda passar l'amante!...*

L'androgyne s'avança en souriant vers André et tendit son gobelet. Tandis qu'André cherchait quelque menue pièce de monnaie, l'enfant se glissa doucement entre ses jambes, en lui jetant des regards ignobles. André se leva avec dégoût.

— *Via, cane!* (arrière, chien!) cria d'un ton de colère le maître du cabaret.

L'enfant se faufila prestement entre les tables.

— *Accidente !* murmura la femme, en continuant de chanter.

En ce moment, la Girella entra. Le patron l'appela.

— Hé! Girella, viens ici. Voilà un monsieur qui veut te parler.

— Un monsieur! fit la Gorgone en clignotant, où donc?

— Chut! Girella, c'est moi, André, de chez Mosès. Je vous ai donné une lettre hier matin, vous savez?

— Une lettre! attendez... Ah! oui, oui... pour... pour...

— Silence!... l'avez-vous remise?

— Remise? Je crois bien que oui... Hoh! un verre de dur, patron! A la santé... hop! de Son Excellence!... Ouf!

— On ne vous a rien dit?

— Ouiche! on s'est sauvé bien vite avec le poulet. Pouah!... Mets-y un peu d'anisette, patron.

— Écoutez-moi donc, Girella.

— Je vous entends, Excellence!... C'est

mon gosier que je bouche, j'ai l'oreille ouverte...

— On ne vous a rien dit hier?
— Hier? Non.
— Et aujourd'hui?
— Aujourd'hui?... Peut-être bien que oui. Comment vous appelez-vous?
— André. Je vous l'ai dit, André.
— André! de chez Mosès! J'ai bien entendu. Mais il faudrait me prouver cela, parce que... vous comprenez... la Girella!
— Quel supplice! murmura André. Vous me connaissez bien!
— J'ai les yeux si mauvais!... Vous savez... Je ne reconnais les personnes qu'à certaines marques. Or, ce M. André, le vrai André de chez Mosès, a toujours dans la main un petit *paolo* pour la Girella. Montrez la main.
— Vieille folle! que ne le disais-tu tout de suite? répliqua André, en jetant un *paolo* sur le comptoir.

La Girella prit la pièce et s'écria avec un gros rire stupide :

— Oui, c'est bien vous! Alors, c'est une lettre.

— Une lettre! donnez vite?

La ruffiane plongea sa main dans une poche profonde de sa robe, et l'en sortit pleine de bouts de cigares, de morceaux de cire, de chiffons de papier et de choses sans nom qui dégageaient une odeur insupportable.

— Voilà! dit-elle à André, en lui présentant un sale papier plié en quatre.

André le saisit, s'assura que le cachet était intact, et demanda à la vieille depuis quand elle avait cette lettre.

— Depuis ce matin, Votre Seigneurie. Je l'aurais portée ce soir à votre auberge, car la Girella a une conscience...

André serra la lettre dans sa poitrine, et sortit vivement de cet antre. Il entendit la vieille qui lui criait de la porte :

— Votre servante, Excellence! Ne m'oubliez pas pour une autre fois. La Girella, portique de Saint-Jacques, suffisamment connue, et pour la discrétion...

André ne respira librement que quand il fut

bien loin de cette rue infâme. Il prit la lettre et l'ouvrit.

Il était nuit. Il essaya en vain de lire la suscription, à la lueur d'une lampe qui brûlait devant une madone. Il entra dans le premier café qu'il trouva sur son chemin, s'assit sous le quinquet, demanda du punch et déchira l'enveloppe.

Elle empoisonnait l'air, cette lettre d'amour : le cigare, l'oignon, la cire, les horribles mains de Girella, l'avaient infectée ! Il fut impossible à André de l'approcher de ses lèvres ; des larmes de rage lui vinrent aux yeux. Cependant, il lut :

« Partez, vous ferez bien ! Il y a longtemps que je serais partie, moi, si j'étais libre. Vous désirez me voir seule, pourquoi ? Pensez-vous que cet adieu secret doive alléger le poids de vos peines ? Ayez donc le courage de partir sans me voir, ou tuez-moi en me voyant ! La vie présente m'est pénible ; l'avenir me fait peur.

« Si vous me revoyez, vous ne partirez pas...

Il est nécessaire, dites-vous, que j'apprenne des choses que vous ne pouvez dire qu'à moi seule !... Quelles choses sont indispensables en ce monde ? On se repent toujours plus des confidences faites que des secrets gardés.

« Mais je ne veux pas vous laisser croire que je ne vous estime pas. Vous refuser serait vous donner le droit de douter de ma parole. Je ferai donc l'impossible ! Demain, à l'*Ave-Maria* du soir, trouvez-vous hors de la porte Orientale. Si je ne puis vous y joindre, ne vous inquiétez pas. Surtout, ne m'envoyez aucun message. Je trouverai le moyen de vous prévenir pour un autre jour. »

Elle viendrait !... André ne comprit que cela dans la lettre. Peu lui importait le reste. Elle viendrait !... il était payé de ses tortures. La vue d'Hélène, c'était assez ! Il y a au fond du cœur d'un amoureux jeune le sentiment d'une infaillibilité absolue. Il la verrait, et il aurait pour toujours raison de sa réserve, de ses réticences.

Le lendemain, quand les cloches sonnèrent

la prière du soir, il sortit de R... par la porte du Sud. Un brouillard épais et glacial, montant du fond des vallées, enveloppait la ville comme un linceul. La route était déserte. Il s'adossa contre un arbre, en face de la porte, et il attendit.

Quelques hommes passèrent, en courant, avec des falots ; puis, un *caroccio*, lancé au grand trot, se perdit dans la nuée. André resta là près d'une heure. Enfin, une forme enveloppée sembla sortir du mur et s'avança à quelque distance. Soulevant un gros capuchon qui lui couvrait le visage, elle plaça une main en abat-jour devant ses yeux et regarda de tous les côtés. André, incertain, ému, fit trois pas. Une voix murmura : — Venez !... Une main chercha et attendit la sienne.

C'était elle !

Elle, seule, auprès de lui, à cette heure, dans cette solitude !... Était-ce possible ? était-ce là cette femme qui l'avait foudroyé, à la ferme, de son regard plein d'éclairs ? était-ce là cette fière Hélène, dont il ne s'approchait jamais qu'en tremblant, et dont le front sévère avait fait mourir mille fois sur ses lèvres l'aveu toujours prêt à s'en échapper? Elle venait donc à lui, maintenant, frissonnante, émue, vaincue, peut-être; car il la sentait, à son bras, trembler plus fort que les branches des oliviers secouées autour d'eux par la brise.

André voulut parler; les paroles manquèrent à ses lèvres. Aucune subtilité de réthorique ne lui semblait convenir aux sentiments qu'il voulait exprimer, et il avait beau chercher, il ne trouvait dans sa mémoire que des formules de rhétorique. La grande émotion rend banal.

Tout à coup, suffoqué, défaillant presque, il s'arrêta, se tourna en face d'Hélène, lui saisit les deux mains de l'une des siennes, et posa l'autre sur son cœur, comme pour en comprimer les battements, qui l'étouffaient. Ce fut un mouvement solennel, plus éloquent, plus persuasif dans sa simplicité quasi-sublime, que le plus pathétique discours. L'âme parlait à l'âme dans sa langue muette, qui dit tout.

Ce fut Hélène qui rompit le silence.

— Ne nous éloignons pas, dit-elle, j'ai très-peu de temps à moi. Je tremble qu'il ne prenne envie à ma mère d'aller me chercher dans la maison où je lui ai dit que j'allais.

André voulut la rassurer ; mais lui-même tremblait bien fort. Il essaya pourtant de surmonter son émotion.

— Pardonnez-moi, dit-il, de ne vous avoir pas encore remerciée de la grande preuve d'estime que vous me donnez en ce moment. Je voudrais me mettre à vos pieds, Hélène, et vous demander votre amour. Entre l'heure de notre première promenade, en ce lieu même, et l'heure présente, il y a un abîme que votre main peut seule m'aider à franchir. Mais, avant de me répondre, sachez que mon amour pour vous est une religion, une ivresse, ma vie même !... Je veux en souffrir... Laissez-vous aimer seulement... Je serai votre esclave, votre ami, votre frère, s'il ne vous plaît pas que je sois votre mari ; et le jour où je croirai que ma mort est nécessaire à votre bonheur, ce jour-là, je mourrai avec autant de joie que je sens d'espérance dans mon cœur.

— André! cher André! repondit-elle d'une voix douce, je suis fière d'être aimée ainsi par le seul homme dont j'eusse désiré l'amour. Vous ne saurez jamais ce qu'il m'en a coûté pour paraître indifférente, quand mon cœur battait aux battements du vôtre. Quand j'ai lu votre lettre, et que j'ai vu que vous auriez la force de quitter R..., j'ai béni la bonne pensée qui vous venait, et je vous ai envié... Mon ami, je ne veux pas fermer mon cœur dans cette dernière heure, où vous m'ouvrez si généreusement le vôtre!... Je vous affirme que je souffrirai autant que vous de cette séparation; mais, plus que vous, je la sens nécessaire, urgente... Partez, partez vite, pour votre tranquillité et pour la mienne! Je ne suis venue que pour aider votre courage, en vous montrant le mien. Gardons ce rêve, cette vision d'amour, et soyons unis, par cette séparation, qui plonge nos deux âmes dans les mêmes souvenirs. Nous nous entendrons bien, en pensant, à la même heure, aux mêmes choses, et il y aura sur nos deux cœurs une bénédiction plus certaine, plus infaillible que celle du prêtre dans l'église.

— Ah! reprit André, vous me chassez avec des paroles qui me retiennent. Que parlez-vous de souvenir? Nous sommes là tous les deux, la main dans la main. Je vous aime, aimez-moi, et soyons heureux!

— Non, non, dit-elle, c'est impossible!

— Pourquoi?

— Parce qu'il y a des fatalités, des misères!...

— J'ai deviné, interrompit André avec une fougue qui fit tressaillir Hélène; nous sommes pauvres tous les deux, n'est-ce pas? C'est ce qui vous semble un obstacle insurmontable.

— Non, non, ce n'est pas cela.

— Qu'est-ce donc?

— André! André! ne m'interrogez pas. Vous venez me dire adieu... Partez!

— Et si je ne partais pas? Est-ce que j'aurais le courage de vous fuir? est-ce que je ne vous emporterais pas dans mon âme? Si vous m'aimez, que m'importent les obstacles?... La pauvreté! nous en triompherons ; les préjugés de famille ! nous les lasserons... Il faut du courage à dépenser, j'en aurai. Je jure de briser tous les obstacles, s'il en est qui nous séparent. Dès cette heure, vous êtes à moi! je suis à vous indissolublement !

André s'arrêta. De ses deux bras, il entoura Hélène; et, l'attirant contre lui, sans qu'elle résistât, il posa sa bouche brûlante sur le front de la jeune fille.

— Oh ! murmura-t-elle d'une voix éteinte, comme si elle allait défaillir, vous savez, mon Dieu, que j'ai tout fait pour qu'il partît ! Quel courage tiendrait plus longtemps que le mien!... André, je voulais vous sauver de vous-même et de moi!... Vous allez au-devant de la souffrance. Entrez donc dans cette voie de honte et de larmes ! Votre amour me gagne. Tâchez que je vous aime davantage encore!... Cela vous sauvera peut-être !...

Et, se dégageant par un brusque effort, Hélène marcha rapidement. Le brouillard se dissipait; la lune, paisible, répandait comme des tentures blanches, immaculées, devant les pas des promeneurs. C'était une nuit chaste d'union séraphique, de fiançailles divines!

. . . .

André promit d'aller demander officiellement à madame Costa la permission de fréquenter sa maison.

XV

La démarche convenue fut faite dès le lendemain du rendez-vous. Madame Costa prit un air de dignité maternelle qui n'était pas tout à fait de convention. Sa bonne figure réjouie trahissait une inquiétude secrète, un léger remords ou un embarras.

— Il y a longtemps que j'ai prévu tout ceci, dit-elle avec un soupir. Je suis coupable; c'est notre première promenade au clair de lune, après le bal des Deffely, qui est cause de tout. J'ai essayé de vous écarter, de vous rebuter ; il est trop tard, j'ai échoué. Hélène est pour vous contre moi maintenant... mais je dois vous parler de la raison, de la convenance, des difficultés qui se dresseront sur vos pas... Votre recherche nous honore ; mais nous sommes, vous et nous, bien pauvres. Nous vivons d'une modique pension de feu mon mari, que l'État a déversée sur ma tête et qui doit mourir avec moi. Vous n'avez que votre place pour toute ressource... Oh! je sais, vous êtes jeune, intelligent, travailleur ; mais vous pouvez mourir à la tâche, et dans quel état laisseriez-vous votre veuve, vos enfants ! C'est mon devoir de mère de pénétrer au fond de ces choses. J'ai trois fois votre âge, je dois être prudente. Si ma fille doit rester pauvre, il vaut mieux qu'elle le soit seule. Il y a des refuges honnêtes pour les filles déshéritées de la fortune ; il n'y en a point pour les veuves malheureuses. Si, avant que vous ayez pu, par je ne sais quel moyen, trouver la solution de cet inexorable problème, je vous accorde la libre entrée de ma maison, n'ébruité-je pas des projets encore bien vagues? Le monde, surtout celui d'ici, est moqueur, médisant. On fera des commentaires sur vos fiançailles... Et puis, vous êtes sincère ; mais, ce que vous prenez pour une passion n'est peut-être qu'un attrait momentané, exposé à s'effacer, à disparaître. Si c'était un caprice !

André s'agenouilla devant madame Costa, lui tendit une main, et donnant l'autre à Hélène :

— Ne parlez pas de caprice, vous offensez toutes les piétés de mon cœur. Un bonheur rêvé dès l'enfance et auquel ont tendu sans cesse les plus nobles efforts de ce que Dieu a mis de bien en moi ne peut être un caprice, un attrait passager. Donnez-moi cette preuve d'estime de croire ma raison à la hauteur de mon amour. Mosès m'a promis de pourvoir à mon avenir, et il tiendra sa parole. Fiez-vous à moi. Je jure qu'avec vos encouragements, madame, avec l'appui de votre amour, Hélène, il n'est point d'opposition, d'obstacle que je ne parvienne à surmonter, pour vous confondre dans ma pure affection, vous comme ma mère, elle comme ma femme.

Hélène se joignit à André. La mère parut étonnée, effrayée, puis touchée : elle finit par accorder au jeune homme l'autorisation d'une visite quotidienne.

Le lendemain, quand on parla mariage, on s'aperçut d'une première difficulté, de la différence de religion. André était protestant. Jamais, en Italie, dans la ville de R..., l'Église ne marierait le schisme avec l'orthodoxie.

Ce fut un point grave pour André, si grave que ses projets en furent un instant bouleversés. Abjurer, c'était rompre avec ses plus chastes souvenirs, avec son enfance pieuse; il lui semblait que les mains de son père se dresseraient au-dessus de l'autel catholique pour maudire son mariage. Il se disait bien pourtant que l'union de deux personnes de religions différentes n'était point un fait extraordinaire; et puis il se rappelait la bienveillance de *Monseigneur le Vicaire* à son égard. N'était-ce pas le moment de mettre à l'épreuve ces bonnes dispositions? Il résolut d'aller trouver le prélat.

Il se rendit donc au palais de l'évêché et fut introduit immédiatement, sur la présentation de sa carte, dans le cabinet de Son Éminence.

Monseigneur était assis dans un antique fauteuil à baldaquin, les jambes fourrées dans des couvertures de flanelle. Sur le ventre du saint personnage, un gros chat blanc ronflait paisiblement.

— Je suis enchanté de vous voir, monsieur, dit le vicaire du ton affable qui lui était habituel. Veuillez vous asseoir et permettre que je ne me lève point. Depuis trois semaines, je souffre d'une maudite goutte... Dieu me pardonne! mais je crois qu'on peut maudire la goutte sans péché... je suis exténué, car la maladie ne saurait empêcher un serviteur de Dieu de remplir les devoirs de son ministère. J'arrive des Capucins, où j'ai administré les derniers sacrements à un père dont je suis le directeur et que Dieu appelle. Cette course m'a brisé. Oh! là! là!... la vie est un martyre. A quoi dois-je l'honneur de votre visite?

— Monseigneur, répondit André, je viens vous faire part de mes fiançailles.

— Je suis flatté de la confidence... Vous ne perdez pas de temps. A qui êtes-vous fiancé ?

— A une personne que j'ai eu l'honneur de rencontrer chez mesdames vos nièces, à mademoiselle Hélène Costa !...

Le vicaire éclata de rire... puis s'interrompit tout à coup.

— Ne faites pas attention, si je ris ; c'est la douleur ; il faut braver le mal... Eh bien ! je me doutais un peu de votre penchant pour la belle Hélène... Dites donc, jeune homme, vous ne vous appelez pas Ménélas... Excusez... c'est un souvenir classique... mais vous avez à peine vingt ans ! c'est bien jeune !

— J'ai vingt ans, oui, monseigneur. Ma résolution est sérieuse. Je veux me créer une famille, un intérieur et me fixer définitivement dans ce pays. Hélène a toutes les vertus du foyer.

— Oh ! la vertu, c'est l'oiseau rare... On le

croit au gîte ! déniché... *Rara avis in terris ;* mais c'est une belle chose en vérité, que la vertu... Oh ! là ! là ! Sacr... *Dio santo*, cette goutte me fera perdre la tête... Vous disiez donc que vous êtes décidé à dépouiller le jeune homme !

— Oui, monseigneur.

— Si je puis vous être de quelque utilité, monsieur, disposez de moi.

— Je vous remercie, monseigneur. Pour le moment, je n'ai qu'à vous prier de me dire quelles sont les formalités nécessaires pour la célébration de mon mariage.

— Il faut d'abord vos papiers.

— Je suis orphelin ; mon acte de naissance suffira, j'espère.

— Puis, le certificat de votre liberté d'action, délivré par le curé de votre ville.

— Je suis protestant, monseigneur ! balbutia André en rougissant légèrement.

— Ah ! c'est juste, pauvre enfant ! Je l'ai su chez mes nièces. Vous êtes luthérien, n'est-il pas vrai ?... Eh bien ! vous vous ferez délivrer cet acte par votre... comment appelez-vous cela ?... votre pasteur, je crois !

— Mon pasteur était mon père, monseigneur.

— *Bone Deus!* quelle cacophonie ! alors, par votre père.

— Il est mort.

— Par son remplaçant.

— J'écrirai aujourd'hui même. Est-ce tout, monseigneur ?

— Absolument, quant aux papiers. Dans quelle paroisse demeurez-vous ici ?

— Saint-François.

— En ce cas, vous prendrez la retraite chez les Franciscains. J'informerai le prieur.

André regarda le vicaire d'un air interdit.

— Quelle retraite, monseigneur ? demanda-t-il.

— Le catéchisme, si vous aimez mieux.

— Pourquoi ?

— A votre âge, monsieur, on ne peut recevoir le baptême sans connaître le catéchisme, encore moins communier.

C'était le Rubicon. André appela à lui toute sa fermeté et répondit :

— Je n'ai pas l'intention de changer de religion, monseigneur.

— Ah!... alors, vous ne voulez point vous marier ?

— Pardonnez-moi.

— Vous ne pouvez épouser une femme catholique sans vous faire catholique vous-même.

— Je ne crois pas que cela soit, au contraire, le moins du monde nécessaire, monseigneur. En Allemagne, en France, on marie tous les jours des catholiques avec des protestants, sans exiger que ceux-ci abjurent la religion de leurs pères...

— Pour celle de leur grands-pères, n'est-ce pas ?... Il est possible que l'on fasse ainsi en France et en Allemagne ; mais, en Italie, c'est autre chose.

En ce moment, un domestique entra.

— Que voulez-vous, Charles ? dit le vicaire.

— On demande monseigneur aux Capucins, pour le père Paul.

— Mais, j'en sors, je l'ai confessé!

— Il est au plus mal, en ce moment, et il se souvient de trois péchés.

— Que le diable l'emp... Dieu me pardonne! je voulais dire. Il pouvait bien mourir une heure plus tôt! non, plus tard! beaucoup d'heures, beaucoup d'années plus tard. Cette goutte me rend fou, en vérité. N'ayez jamais la goutte, mon ami. Je ne puis retourner, je ne saurais faire un pas. Cette fois, la douleur est plus forte que ma volonté. Ah! attendez, Charles!... l'affaire peut s'arranger. Oui, vu le cas, *in articulo mortis...* donnez-moi mon manipule.

Le domestique ouvrit un coffret d'ébène sur une console, et en tira un petit paquet qu'il présenta au vicaire.

Monseigneur déplia une sorte d'écharpe de satin blanc, aux deux pans de laquelle une croix était brodée en or, et la plaça à cheval sur son avant-bras gauche.

Ce mouvement dérangea le chat, qui témoigna son mécontentement par un miaulement aigu.

— Moumoutte, restez tranquille, sinon je vous chasse, entendez-vous, mademoiselle, dit le prélat.

Puis, il fit le signe de la croix, murmura une prière en latin, étendit les mains comme pour bénir et se signa de nouveau.

— Voilà qui est fait, reprit-il. Courez aux Capucins, portez mon absolution au père Paul, et qu'il meure en paix !

Le domestique prit le manipule, le replaça soigneusement plié dans le petit coffret, et sortit.

— Maintenant, je suis tout à vous, monsieur, dit avec courtoisie monseigneur à André. Je vous assure donc qu'en Italie nous pensons autrement que vous en matière de religion. Ici, votre abjuration est de toute urgence.

— Je persiste à ne point le croire, monseigneur. Pardonnez-moi si je vous parle ainsi, mais l'idée de l'abjuration m'est si odieuse que je ne puis la supporter, et plutôt que de rompre avec des principes sacrés, je me résoudrais à faire célébrer mon mariage par un ministre de la religion réformée.

— Vous voulez dire *déformée !* Hélène n'y consentira pas.

— Si elle y consentait !

— Je l'en défie bien.

— Pourquoi, monseigneur?

— Parce que... parce qu'elle ne pourrait vivre ensuite avec vous dans ce pays.

— Qui s'y opposerait ?

— Nous.

— En avez-vous le pouvoir ?

— Nous l'avons.

André était décidé à ne pas reculer.

— J'ai ouï dire, reprit-il, que, selon vos rites, la bénédiction d'un prêtre, fût-elle même obtenue subrepticement, est irrévocable.

— Cela est vrai. Je vois où vous tendez, monsieur, et je vais vous barrer le chemin. S'il était possible que vous trouvassiez, ce qu'à Dieu ne plaise, un prêtre assez oublieux de son devoir pour administrer le sacrement de mariage sans notre autorisation préalable ; ou, en admettant qu'assistant, vous et Hélène, à la bénédiction générale de la messe, vous fissiez ce que nous appelons un mariage clandestin, vous seriez indissolublement mariés l'un et l'autre (remarquez que je ne dis pas l'un avec l'autre) et dans l'impossibilité tous les deux de contracter un autre mariage ; mais vous ne seriez nullement unis, et la connaissance seule que nous aurions de ce fait nous autoriserait à enfermer immédiatement mademoiselle Hélène dans un couvent jusqu'après l'entier accomplissement des formalités prescrites par la liturgie romaine.

— Est-ce possible ?

— C'est certain.

Il n'y avait rien à répliquer. André le comprit et garda le silence. Monseigneur prit sur un petit guéridon placé à portée de sa main une large tabatière d'or, y plongea deux doigts et se mit à savourer lentement sa prise.

Quelques grains de tabac, glissant le long de

sa soutane, tombèrent sur les yeux et sur le nez de Moumoutte. La grosse chatte avait pu, une première fois, pardonner à son maître d'avoir troublé son paisible sommeil, mais cette cuisante sensation lui parut une insupportable offense.

Elle éternua avec force et se mit à labourer vigoureusement le ventre moelleux du prélat: après quoi, elle sauta vivement à terre, et se cacha sous la console en faisant entendre un grondement de colère.

— Moumoutte, Moumoutte, cria monseigneur ; pauvre minette, je ne l'ai pas fait exprès. Venez, venez, ma belle.

Mais Moumoutte ne bougea pas. Le vicaire, au désespoir, releva les couvertures qui enveloppaient ses jambes, et s'élança de son fauteuil jusqu'à la console. Voyant que les noms les plus tendres ne parvenaient pas à émouvoir la chatte irritée, il se baissa et fourra la main sous le meuble pour joindre les caresses aux appellations. Moumoutte, sensible à ces avances, étendit aussi la patte, mais elle oublia d'en rentrer les griffes, et le prélat retira prestement sa main tout en sang.

— Voyez-vous ! la petite vilaine ! fit-il en s'essuyant avec son mouchoir. Fi ! mademoiselle ! quel vilain péché que la colère ! pour votre pénitence, vous n'aurez pas de lait ce soir.

André s'était levé.

— Eh bien ! monseigneur, dit-il avec dignité, je réfléchirai. Vous m'avez mis le désespoir dans l'âme.

— J'en suis fort peiné, monsieur ; mais il ne dépend pas de moi que vous puissiez agir à votre guise. Car, en admettant que je voulusse montrer quelque complaisance, le chapitre s'opposerait formellement à ma volonté. Adieu, monsieur, souvenez-vous que vous me trouverez toujours prêt à vous entendre... Je ne suis pas de vos ennemis, Dieu le sait.

XVI

André sortit de chez le vicaire, le cœur mordu par des réflexions amères.

L'honnête jeune homme se sentait engagé dans une voie où son honneur devait succomber avant son amour, et peut-être même avec son amour. Il comprenait que, lors même qu'il arriverait à convaincre Hélène et sa mère, deux Italiennes attachées à leur religion, il ne parviendrait pas à surmonter l'opposition, l'autorité du vicaire et du chapitre. Il serait donc obligé de faiblir, de céder, de courber la tête, d'en venir à cette abjuration qui l'eût fait frémir un an auparavant.

D'abord, il essaya de regarder le spectre en face. Il le trouva horrible et touchant. Le fantôme avait les traits, la voix de son père, et disait :

— Oseras-tu bien, pour un amour terrestre, pour une passion égoïste, renier ta foi ? Je me dresserais dans ma tombe, parjure qui vas jurer à une femme, après avoir menti à ton père et à ton Dieu !

Mais André essayait de se dégager de cette vision. Il regardait les passants et reconnaissait ou croyait reconnaître des juifs, des protestants mariés.

— Je ferai comme eux. L'abjuration n'est qu'une simple affaire de forme qui n'ébranlera aucun principe ; une coutume que je dois accepter comme toutes celles auxquelles je me suis soumis depuis que j'habite R...

Mais le pauvre amoureux n'avait trouvé jusque-là dans l'amour qu'une excitation à la vertu, qu'un encouragement à l'honneur. Sa conscience, qu'il voulait opprimer, se soulevait sous les objections, et lui criait : — Sois lâche, si tu peux, pour être heureux! Mens pour être aimé! et il s'avouait qu'il ne pouvait pas.

Que dirait, d'ailleurs, le seul ami qu'il eût dans cette ville, son patron Mosès? André n'ignorait pas l'horreur et le mépris profond de la caste du banquier pour l'abjuration. Comment le vieux Mosès pourrait-il consentir au parjure de son commis! C'était là, en effet, une question en quelque sorte préjudicielle. André tenait tout de Mosès, il lui devait tout; c'était de lui qu'il devait tout attendre. Seul, séparé du juif, qu'était-il dans ce pays? Rien, moins que rien, un passant, un étranger, un vagabond.

Pour la première fois, il ouvrit les yeux avec terreur devant cette réalité inexorable, que de lui-même il ne pouvait rien, il n'était rien! Pour vivre sa vie d'amour et de travail, il lui fallait obéir à Mosès, fléchir Mosès, et obtenir de ce vieillard, indulgent pour tout ce qui n'était pas un principe, son indulgence, sa complicité pour une atteinte aux principes les plus sacrés.

Le lendemain, André annonça en tremblant son projet de mariage à son patron.

— Vous avez raison, mon cher André, lui dit Mosès, quoique vous soyez un peu jeune. Cependant, vous êtes sérieux, le mariage vous convient ; il vous conservera honnête... Donnez-moi votre main, mon ami.

André la lui tendit.

— Honnête surtout, continua le juif d'un ton solennel, les yeux fixés sur les yeux du jeune homme. L'honnêteté, c'est votre seul patrimoine, mon fils, mais ne l'échangez jamais, vous offrît-on tous les trésors de la terre. Vivez dans votre pauvreté sainte comme dans votre vertu, la tête fièrement levée, et si, pour acquérir un sort meilleur, il vous fallait sacrifier quelque chose de votre dignité, restez pauvre toujours. La fortune nous vient comme une récompense ou comme une épreuve ; il faut la mériter en ne la cherchant pas par-dessus tout...

— Qui épousez-vous ?

André nomma Hélène.

— Je ne la connais pas, reprit Mosès. Qu'importe ! Quelle est sa position ?

— Elle est sans fortune.

—Tant mieux ! Une femme riche décourage l'activité. L'homme doit nourrir sa femme. Vous gagnerez pour deux ; je m'en charge. Quand vous mariez-vous?

André se sentit pâlir.

— Je ne sais, monsieur, balbutia-t-il, des formalités, des papiers... l'église !

— Oui, oui, je sais, interrompit le juif, les manœuvres sacerdotales... Ne vous laissez pas endoctriner, mon ami ; parlez haut à ces contrebandiers. Ils ne cèdent qu'à la peur... Oh ! ils *vont vous travailler* ! vous verrez ! Ils vous parleront du confessionnal, que sais-je? d'abjuration!...

Ici, le vieux juif s'arrêta et levant les mains au ciel :

— Abjurer ! c'est là ce qu'on demande toujours et partout aux hommes. Veux-tu devenir heureux, pauvre enfant ! abjure tes illusions de jeunesse. Marie toi par avarice, par vanité, par ambition. Veux-tu devenir puissant? abjure tes idées, les leçons de tes maîtres, celles de l'histoire, celles de l'expérience. L'abjuration ! Dieu d'Abraham! c'est la loi de ce monde impie; aussi le monde s'en va-t-il à la dérive. Abjurer! ils comptent cela pour rien. Vous leur répondrez, André, en homme d'honneur, qu'abjurer, c'est maudire en même temps son père, sa mère et son berceau, le sein qui nous a nourri, la main qui nous a soutenu. C'est mépriser Dieu. Oui, André, car Jéhovah a commandé que l'enfant restât fidèle à la foi de son père jusqu'au-delà de la mort... Excusez-moi, je m'échauffe... Vous n'avez pas à vous défendre d'une pareille bassesse. Je vous connais ; vous arracheriez plutôt de votre cœur l'amour qui vous conseillerait une vilenie, et moi qui vous aime, je voudrais vous voir mort plutôt que déshonoré.

Dans la chaleur de sa harangue, Mosès se promenait à grands pas dans la chambre. Il n'aperçut pas l'horrible pâleur répandue sur le visage d'André. Quand il prit la main du jeune homme, il la sentit trembler fortement dans la sienne. Il crut que c'était d'indignation. Le brave homme avait parlé avec une éloquence d'accent qui avait dû faire vibrer son auditeur.

— C'est bien, lui dit-il; je vois que vous pensez comme moi. Vous êtes un brave enfant. Embrassez-moi, et n'ayez plus d'inquiétude pour votre avenir.

André, terrifié, se laissa tomber comme un cadavre dans les bras du juif, et eut beaucoup de peine à regagner la rue. Ainsi, c'était fini, irrévocablement fini! un obstacle qu'on n'avait pas prévu surgissait; l'amour honnête et loyal était condamné. Parjure à sa jeunesse ou parjure à son devoir, André, pour entrer dans la vie comme les autres hommes, pour avoir place au devoir et au droit, devait renier son Dieu ou son cœur!

Qu'avait-il donc fait pour souffrir ainsi, pour être condamné à une expiation si cruelle? André se révoltait au fond de l'âme contre l'injustice flagrante de la destinée; il interrogeait son jeune passé, et il n'y trouvait que des désirs de vertu et des actes de bienfaisance. Pauvre, il aimait les pauvres. Un jour, il traversait une ruelle. Hélène lui avait souri, et il emportait dans le cœur une clarté qui filtrait à travers tout son être. Il avait vu au seuil d'une pauvre maison un spectacle lamentable : une pauvre femme sanglotait et des hommes chargeaient sur leurs épaules les couvertures, les matelas et les planches d'un lit.

Trois marmots presque nus hurlaient sans qu'on prît garde à leurs cris. André avait interrogé la vieille femme. L'histoire était simple et déchirante. Le mari était mort la veille après une longue maladie qui avait commencé la ruine de la famille. La veuve restait seule avec trois enfants ; elle ne pouvait payer le loyer de sa maisonnette, et le propriétaire faisait saisir le seul meuble qu'il trouvât à saisir, le lit encore chaud de l'agonie du mort. Les huissiers s'étaient abattus derrière les ensevelisseurs, comme des corbeaux derrière la bataille, et la vieille mère était jetée à la rue, au hasard, à l'égout.

Tant de larmes pour vingt francs ! André avait payé la petite somme. Depuis ce jour-là, il s'était habitué à son bienfait. Il portait tous les jours quelque chose à la pauvre famille. « Tous les jours, mes petits et moi, nous prions le bon Dieu pour vous, monsieur, » lui avait dit bien souvent la vieille. Avait-elle menti ? Dieu n'écoutait-il pas de si justes prières ? Pourquoi André était-il puni de sa charité, tandis que l'égoïsme profitait à tant d'autres ?

Devant Hélène, André essaya de dissimuler ses tourments. Ce fut l'effort de quelques jours. Il prévoyait bien qu'une explication allait devenir nécessaire, que ses faux-fuyants, ses réticences, allaient avoir un terme ; il maudissait la naissance, la vie : il en voulait à Mosès de son rigorisme ; il s'en voulait à lui-même de sa vertu ; il blasphémait, il était fou.

Hélène le reconduisait le soir jusqu'à la porte de la rue et, voyant qu'il la regardait avec des larmes, elle lui disait :

— Vous souffrez ?

Il ne répondait pas.

— Ah! reprenait-elle tantôt avec douceur, tantôt avec une énergie amère, et moi aussi je souffre! André, pourquoi n'avez-vous pas eu le courage de partir?

Madame Costa tomba malade. André apprit cette nouvelle avec rage. Il fut tout près de croire à une supercherie.

— On veut se débarrasser de moi, dit-il.

Pourtant, la veuve gardait le lit strictement et se faisait soigner. André alla la voir. A l'une de ses visites, il la trouva les yeux en larmes.

— Qu'avez-vous donc? lui demanda-t-il.

— Pauvre enfant! répondit-elle avec des sanglots, je pense à vous; je n'ose pleurer devant Hélène... elle a tant besoin de force! Mon cher André, quoi qu'il arrive, vous me pardonnerez, n'est-ce pas?

— Vous pardonner? quoi donc?

— Je devine ce que vous voudriez me cacher. Vous avez trouvé l'obstacle insurmontable.....Ah! quelle faiblesse j'ai montrée! j'ai été lâche, sotte et infâme. Comment cela finira-t-il?

André s'imagina qu'il s'agissait de son abjuration.

— Je souffre plus que vous, madame, répondit-il ; je dois tout à Mosès, je dois tout à la mémoire de mon père. Ah ! la pauvreté, la misère ! Il n'y a au fond de tout que cet obstacle dans le monde.

— Cher enfant, reprit madame Costa en pleurant un peu moins, je voudrais être riche. Vous avez raison, la richesse, cela aplanit tout, cela répare tout.

— Ah ! que je souffre ! continua André. Si j'avais des ressources, les moindres, je m'établirais, je travaillerais, j'emmènerais Hélène, nous irions nous marier loin d'ici. Mais je suis attaché, horriblement attaché, et je ne puis briser les liens qui m'attachent... Quelle triple malédiction que celle d'être pauvre, orphelin et étranger !...

Chaque soir, une scène analogue recommençait, plus triste, plus lamentable, à mesure que les semaines s'écoulaient ; la mère toujours malade, Hélène toujours affligée ; lui, bouleversé sans cesse. Puis d'autres tourments s'ajoutaient chaque jour à ceux qu'il endurait déjà.

Ce qu'il y avait de profane, de mondain dans son amour, l'avait entraîné à des efforts d'éloquence mondaine, je veux dire à des dépenses pour sa toilette, pour des bijoux, pour des bouquets. André s'aperçut qu'il avait des dettes. Le jour où il sentit un obstacle entre lui et son rêve, ce fut un autre martyre, un autre supplice atroce, incroyable, humiliant et flétrissant.

Ses créanciers commencèrent à le poursuivre. On lui apportait des notes à l'auberge, au bureau; on lui en remettait dans la rue; les gens lui parlaient à voix haute, impertinemment, le chapeau sur la tête. Les garçons du *Coq d'or* riaient malicieusement en passant devant lui, sans gêne, et s'oubliaient parfois jusqu'à l'appeler André tout court.

Il renvoyait les créanciers au lendemain, du lendemain au jour suivant, gagnant avec naïveté une journée de répit par des promesses qu'il ne pouvait pas tenir, et la payant cruellement par des émotions poignantes. Ainsi, trompant, trompé, ravalé, honteux, traqué, rasant en tremblant les murs, réduit à faire un détour d'une heure pour traverser une rue, palpitant à un coup de sonnette, l'œil aux aguets, l'esprit au mensonge, semblable à un voleur ou à une bête fauve, sans manger, sans dormir, suant la fièvre, dévorant sa rage et les hontes qui l'étreignaient comme le serpent de Laocoon, il n'avait de repos que chez Hélène. Là, il respirait. En la voyant, il oubliait pour une minute l'enfer dans lequel il allait rentrer. C'était une courte trêve à cet hallali de son amour.

XVII

André était dans la période humaine, mauvaise, de la passion. Obligé de feindre avec tout le monde, il trompait Mosès, qui l'interrogeait parfois sur la marche de son affaire, et à qui il disait : — Cela va bien !... Il trompait Hélène, qui ne savait pas, au juste, quel obstacle s'opposait à leur mariage, et qui l'interrogeait parfois avec inquiétude. Il trompait madame Costa, qu'il rassurait par de bonnes paroles.

Lui seul ne pouvait se tromper ; il voyait en lui, comme dans un ruisseau dont on aperçoit le fond, le limon ; et son regard passait vite à travers le cristal, pour plonger dans la boue qu'il avait si longtemps ignorée.

Horreur ! il s'aperçut que son amour avait subi une transformation totale. La menace du prince de Tor... s'accomplissait; le *foin* paraissait maintenant sous le velours et la soie. Où était-il à cette heure suprême de sa destinée, ce sceptique implacable, ce philosophe cynique, pour le soutenir au-dessus de ce bourbier, ou pour l'y plonger tout à fait par une violence peut-être salutaire?

Le prince était toujours retenu, au loin, dans un de ses châteaux, par ce rhumatisme qui faisait enrager le philosophe. André le savait, l'avait appris, et en était venu à implorer, comme un sauveur, cet homme fatal, qui avait, le premier, raillé et menacé ses illusions.

Une image aussi, rapide, fugitive, traversa sa pensée à l'heure de la crise. Le doux sourire de la dame qui avait joué l'air de la *Traviata* lui apparut. Ironie cruelle ! c'était ce sourire-là qui l'avait fait homme, amoureux, c'est-à-dire misérable !

André vieillit vite en peu de jours. Son amour perdit toute sa fraîcheur poétique dans ce contact des questions d'argent et de pain. Adieu les grands élans qui défonçaient le ciel, et qui voulaient ravir le couple béni au-delà des nuages ! Il fallait composer, calculer et chercher des spéculations, pour rattraper, d'un seul coup d'aile, tout le terrain perdu. La peur de voir agrandir le gouffre de sa dette le trompait sur ce gouffre même, que l'amitié de Mosès eût peut-être comblé ! Il se vit insolvable pour l'éternité, parce qu'il l'était depuis plusieurs semaines. Alors, il eut des tentations prodigieuses ; il laissa ramper en lui des idées funestes.

Quelle chute en si peu de temps ! André tombait du haut de la voûte, comme la flèche d'une fusée éteinte, qui a envoyé toutes ses étoiles dans les airs. Il se répétait à chaque minute : — C'est fini ! c'est fini ! il faut un effort surhumain pour sortir de là.

Si moral qu'on soit, l'effort surhumain exigé par l'amour, imposé par la passion, est rarement un effort de patience, de douceur et de vertu. On rêve la force de déranger les obstacles, et la force est aussi voisine du crime que de l'héroïsme.

André laissait, pour ainsi dire, rouler son cœur dans la boue ; puis il le ramassait par des accès de fierté, le replaçait haut dans sa poitrine, et, quelques instants après, oubliait de le retenir et l'entendait s'enfoncer encore dans le ruisseau. Il aimait toujours Hélène, mais il l'aimait autrement, d'une manière conforme aux grossières et plates nécessités qui étaient venues tout à coup remplacer les féeries de sa pensée.

Son cœur s'était crevassé comme la carène d'un navire échoué, et les vers y pénétraient de toutes parts, — j'entends les désirs, les appétits violents.

Lorsqu'il eut bien considéré la nouvelle face de sa passion, il l'accepta ainsi. Lorsqu'il se fut persuadé qu'il n'avait pas la force de renverser le monstre, il se laissa terrasser par lui. Il avait désiré Hélène pour sa vertu ; il la voulait maintenant pour sa beauté ; il avait aimé l'âme, il adorait la chair.

Le carnaval arriva avec l'innombrable cortége de mascarades, de bals, de courses, d'orgies, de bacchanales échevelées et souvent sanglantes, qui le caractérisent dans notre péninsule. Chez nous autres Italiens, peuple d'exagération, qui menons tout à outrance, qui faisons de la religion une superstition, de la liberté la licence, de l'autorité le despotisme, de l'habileté la perfidie, de la déférence la bassesse, le carnaval est une sorte de trève que le déguisement du visage donne à la contrainte permanente des passions.

Sous le masque, l'Italien est Italien tout entier ; c'est à faire peur ! De là, cette licence sans bornes, ces scandales sans frein, que cette époque ramène annuellement chez nous. Une infamie est-elle ourdie, un crime est-il médité, l'accomplissement en est ajourné au carnaval prochain, à l'ombre du *volto* inviolable, qui assure une sécurité complète.

— *Tout est bien qui finit bien,* dit notre

Shakespeare politique, maître Nicolo Machiavelli. Il n'est si petite ville en Italie qui n'ait son théâtre et son casino, emphatiquement appelé *académie*. On trouverait plus aisément la quadrature du cercle, que l'on ne parviendrait à expliquer raisonnablement ce nom pompeux appliqué au lieu dont il s'agit. Une salle de billard, une salle de bal, où l'on tire les tombolas : une salle de jeu, qui paye les frais ; le tout ouvert à tous pendant cette bienheureuse saison de carnaval, pour la plus grande gloire du diable !

L'administration du casino de R... était alors aux mains de la fashion, des bureaux du chemin de fer et du télégraphe. Pour les raisons que j'ai fait connaître, le nom d'André n'avait figuré sur aucune des listes d'invitation aux bals qui avaient été donnés dans le casino pendant l'année. Aussi, le pauvre garçon, à l'heure la plus sombre, la plus désespérée de sa vie, fut-il étrangement surpris de recevoir une carte personnelle d'admission au casino, pour toutes les fêtes de la saison.

Il accepta avec une joie farouche. Le premier jour de bal, il se présenta, sa carte à la main, et fut reçu, par les présidents et les commissaires, avec une cordialité qui le toucha vivement.

— Nous vous croyions notre ennemi, lui dirent-ils ; vous voyez que nous avons fait les premières avances. Maintenant que la glace est rompue, nous vous comptons parmi les nôtres.

André se promena dans les salles, et échangea des compliments avec plusieurs personnes qu'il avait vues chez les Deffelly. Un jeune homme du club vint lui prendre amicalement le bras, et l'entraîna dans la salle de bal.

— Je ne danse pas, dit André.

— Ni moi, fit l'autre. Nous avons les mêmes goûts. Depuis longtemps, monsieur, je désire vous connaître. Je suis sûr que nous pourrions, si vous le vouliez, devenir de bons amis. Je vous ai observé. Vous aimez la solitude, moi aussi ; les promenades du soir, moi aussi. Pourquoi donc, de ces affinités, ne ferions-nous pas une bonne et solide amitié? Le voulez-vous?

Et le jeune homme lui tendit les deux mains.

André serra vivement ces mains ouvertes, comme un double point d'interrogation, et répondit :

— Venez me voir, monsieur, et si vous pouvez supporter mon caractère, qui ne vaut rien, je vous en avertis, je tâcherai de me montrer digne de vos sympathies. Mais, nous nous rencontrons bien tard !

Ils traversèrent le bal et allèrent sceller leur liaison improvisée devant le buffet, un verre de punch à la main.

— Que ne nous sommes-nous connus plus tôt! dit le jeune homme, nous aurions passé de bonnes heures ensemble. Si vous saviez comme je m'ennuie !

— Et moi ! soupira André.

La fête était très-animée ; on étouffait dans les salons. Il leur fut impossible de rentrer dans le bal. Ils traversèrent un petit couloir, où les dames venaient rattacher leurs épingles, réparer le désordre de leur coiffure ; puis, ils entrèrent dans le salon de jeu. La foule se pressait autour de la roulette. Ils ne pouvaient voir jouer ; mais ils entendaient la voix des croupiers, la bille tournant dans le disque et un bruit de pièces d'argent.

— Quel est ce jeu ? demanda André.

— La *roulette*. Ne la connaissez-vous pas ?

— Non.

— Oh ! c'est infiniment curieux. Avancez-vous.

Ils purent s'approcher de la table. André ouvrait de grands yeux. Il ne comprenait rien à ces petits carrés numérotés, sur lesquels on jetait de l'argent, mais il comprit vite qu'on jetait une pièce, parfois, pour en recueillir plusieurs.

— Que faites-vous ? dit-il à son nouvel ami, qu'il voyait avancer la main sur le tapis.

— Eh bien ! j'ai gagné ; je ramasse.

La main d'André s'était glissée, malgré lui, dans sa poche, et serrait convulsivement quelques pièces qui s'y trouvaient. Elle en sortit, tenant un sequin, un sequin tout neuf, qu'il avait reçu, la veille, dans ses appointements. Il jeta autour de lui des yeux effarés et hagards, comme s'il allait commettre un crime, et lança le sequin sur la table; puis, il fut si effrayé de ce qu'il venait de faire, qu'il détourna la tête pour ne point voir le fatal rateau, et boutonna vivement sa poche.

— J'ai perdu! dit à ce moment son ami.

— Beaucoup?

— Non... dix francs.

— Allons-nous-en, dit André, cela donne la fièvre.

— N'avez-vous pas joué?

— Oui, j'ai jeté un sequin... Allons-nous-en....

— Où l'avez-vous jeté?

— Là.

André regarda le carré où sa pièce était tombée ; elle était tombée dans une pile d'or.

— Je ne la vois plus, soupira-t-il; j'ai perdu... Partons vite.

La roulette tournait toujours.

— Quelle chance ! s'écria un joueur, en se tournant vers André. Retirez donc votre gain.

— Quoi ?

— N'est-ce pas vous qui avez jeté le sequin ?

— Oui.

— *Per Bacco !* encore !... Prenez vite.

Le croupier poussait, du bout de son rateau, quelques pièces dans le tas où André avait placé son sequin.

— Ramassez donc ! reprit le joueur presque furieux.

— Mais je n'ai mis qu'un sequin ! balbutia André.

— Eh bien ! votre sequin a fait des petits !

— Cet or est à moi ?

— A nous deux, si vous me faites cadeau de la moitié. Dépêchez-vous !

André avança la main en tremblant.

— Trop tard ! cria le banquier.

La bille tombait.

— *Per Cristo !* reprit le voisin, vous allez

faire sauter la banque! Vous gagnez encore. Cette fois, vous êtes fou, si vous laissez tout!

Le croupier, avec une dextérité étonnante, lança de nouveau des pièces d'or dans le carré fortuné.

André, égaré, frissonnant, saisit à deux mains la masse d'or, et sortit, en courant, du casino.

Il avait, dans la rue, l'âpre jouissance, mêlée d'épouvante, du voleur; il lui semblait qu'il avait dévalisé la Destinée. Il s'arrêta au détour d'une rue, et dit, en riant tout haut:

— Tiens! j'ai oublié mon nouvel ami! Je ne sais même pas son nom!

Et il continua sa route, avec un rire intérieur, fier d'avoir rencontré une veine si heureuse qu'elle l'eût contraint de trahir un sentiment humain.

Il monta dans sa chambre, en traversant follement l'auberge, sans s'arrêter à ce piano mensonger, d'où tant d'illusions creuses s'étaient envolées pour établir leur nid dans son âme. Il s'enferma, poussa les verrous, s'assit sur son lit, vida ses poches sur son oreiller, et regarda, contempla, baisa, fouilla son trésor.

Il prenait les pièces, il les pressait dans ses doigts ; il en mordit une ; il avait besoin de s'assurer de leur réalité.

Pour posséder une pareille somme, il fallait qu'il subît, pendant quatre longs mois, le joug d'un maître ; qu'il s'annihilât, en quelque sorte, dans la volonté d'un autre ; qu'il refoulât ses plus légitimes désirs ; qu'il bouclât son cœur ; qu'il s'embarrassât à chaque pas dans les gênes multiples d'une soumission vendue !

Et devant ces exigences inexorables, qui lui refusaient la liberté de la brute, ne devait-il pas, en ce moment même, par un effort au-dessus du possible, ployer son âme, étrangler son amour, pour payer le pain amer qu'il gagnait chaque jour, le lit où sa tête se brûlait en insomnies fiévreuses ?...

Mais, désormais, il était libre, affranchi ! le jeu était la revanche de la destinée. Il ne croirait plus qu'à la roulette, au gain, au sequin, aux piles d'or, à la réalité. Comment n'avait-il pas compris, jusque-là, que le jeu était le complice nécessaire de l'amour, et que, s'il est un Dieu bienfaisant, il devait se faire croupier pour servir les honnêtes gens qui veulent aimer et être aimés !

XVIII

André devint joueur dans cette nuit-là, joueur complet, achevé, sans scrupule; joueur féroce, comme le braconnier visant le gibier et tuant, au besoin, le gendarme. Il oublia sa vie présente pour sa vie rêvée; il fit un pacte avec toutes les convoitises; il s'abandonna à elles.

Le jeu n'est qu'une passion entre toutes celles de l'humanité, mais c'est celle qui met en branle toutes les autres. En faisant sauter, comme par une poudrière, la résignation qui enchaîne les mauvais désirs et les convoitises, elle leur ôte tout frein et elle leur abandonne l'espace infini.

André se pervertit dans cette veillée solitaire, ou, plutôt, il acheva de devenir fou. Son premier sentiment de joueur fut pour regretter le gain qu'il n'avait pas fait et qu'il aurait pu faire. Qui sait? quelques tours de roue de plus, et, au lieu d'une somme ronde, c'était une somme monstrueuse, une fortune.

Une fois entré dans ce labyrinthe, on n'en sort plus. Mais, en même temps que son âme bouillait, André subissait, au physique, une métamorphose presque complète. A partir de ce jour-là, son front se plissa, ses joues se creusèrent, ses yeux s'enveloppèrent d'une ombre sinistre.

Tous les soirs, après avoir soupé à la hâte, André courait au Casino perdre le gain ou regagner la perte de la veille. Les hasards, tantôt le comblaient, tantôt le dépitaient. Une moyenne, pourtant, s'établit. C'était le rocher de Sisyphe qu'André voyait retomber, et qu'il relevait tous les jours. On eût dit qu'une intelligence présidait aux bizarreries de la veine pour entretenir la soif dévorante du joueur, sans l'apaiser et sans la désespérer.

Après ces longues stations au tapis vert, André portait chez Hélène, qui ne paraissait pas s'en inquiéter, l'impression riante ou triste d'une bonne ou d'une mauvaise série de coups. Tantôt gai, hardi, enthousiaste, il défiait l'adversité et croyait tout possible; tantôt anxieux, découragé, inquiet, il devenait pessimiste et doutait de tout.

Un observateur attentif eût remarqué que ces intermittences ne troublaient pas profondément les dames Costa. Elles lui riaient, quand il riait, et, sans l'interroger, elles mettaient une câlinerie charmante à le consoler, quand il était triste. Hélène, plus mystérieuse et en même temps plus confiante, devenait presque familière. André s'exaltait, parlait des obstacles terribles qu'il aplanissait toujours les jours heureux, et qu'il jurait d'aplanir les jours néfastes.

En réalité, au fond de lui, le pauvre garçon souffrait cruellement. Cette existence factice, alourdie de mensonges, lui pesait. Il ne jouait pas à toute heure, et, dans les intervalles de jeu, il avait des déserts de tristesse, de remords, qui rachetaient bien les oasis de joie folle, d'orgueil exubérant, dans lesquelles il se jetait à âme perdue.

Ce fut vers cette époque que je le rencontrai chez Hélène, lors de ma première tournée de quête, peu de temps après mon entrée au monastère.

Obéissant à une sympathie secrète, et aussi au sentiment instinctif du malheur qui le menaçait, j'épiai alors une circonstance qui ouvrît le chemin entre nous. Le hasard ne tarda pas à la faire naitre. Je m'empressai d'en profiter.

Je le trouvai en proie à une de ces surexcitations hébétées qui succèdent, d'ordinaire, aux grandes crises de la passion et pendant lesquelles l'âme aux abois, ayant épuisé toutes les sources de la souffrances, fait sauter l'étreinte qui l'étouffe et éclate, éplorée, folle, en expansions suprêmes, criant sa peine à tout ce qui l'environne, à l'air, aux étoiles, aux pierres du chemin.

Il avait fait, la veille, une perte considérable. Il me raconta toute sa vie. Je puisai dans mon cœur les consolations délicates et discrètes applicables en pareil cas. Je lui représentai que l'amour étant, non le but de la vie, mais seulement un moyen d'en gravir plus doucement les aspérités, il fallait demander à Dieu la force de résister, quand la passion battait les digues du devoir et menaçait de tout entraîner.

— En quoi mon amour est-il condamnable? s'écria-t-il. Mes projets sont purs. Ai-je tort de chercher à me créer un foyer, une famille, et puis-je ne pas me révolter contre une destinée barbare qui me ferme tous les chemins du bonheur?...

Je vis que le mal était plus grand que je ne me l'étais imaginé. J'aurais pu lui parler des soupçons conçus par moi sur Hélène, sur sa mère. Mais, si je déracinais l'amour, sans entrer dans des diffamations qui répugnaient à ma loyauté, cela ne valait-il pas mieux?

— Votre amour est condamnable, lui dis-je, en ce qu'il vous domine au lieu que vous le dominiez. Dès l'instant que votre devoir a fait la première concession à votre amour, la raison a perdu son équilibre, le mal vous a entraîné rapidement, et vous vous trouvez aujourd'hui à mille lieues de la rive, sans vous apercevoir encore que vous avez passé le fleuve.

— Que dois-je donc faire? quel parti prendre? répliqua-t-il avec désespoir. Vous me rappelez ma première résolution. Partir!... Aujourd'hui je ne le puis plus. Je n'ai pas étouffé cet amour à la naissance; il m'étreint maintenant.

— Non, dis-je, je ne saurais vous conseiller de partir; cela ne vous guérirait pas. Le remède doit se trouver ici, et il ne peut sortir que d'un effort de courage. C'est votre honnêteté qui doit vous armer contre vous-même, et c'est votre honnêteté qui chancelle. André, je vous parle en homme qui a chèrement acquis la science difficile de la vie et qui sait que toutes les objections du désespoir, de la passion, de la

jeunesse, du délire, tombent et disparaissent à la clarté de la conscience. Je veux que vous regardiez le spectre en face, que vous le terrassiez, et que vous puissiez vous dire un jour :
— Je suis un *homme !...*

Il se calma, se couvrit le front de ses mains, et se mit à pleurer amèrement. Je le laissai quelques instants sous l'impression salutaire de mes paroles; puis, voyant que j'avais fait une profonde blessure, je crus opportun d'y appliquer un dictame. Je repris donc :

— Remarquez, mon ami, que la lutte à laquelle je vous pousse vous réserve des joies. Il s'agit d'abord de purifier votre amour, que vous étouffez sous des sensations grossières. Vous le garderez mieux en le préservant de toute atteinte. Qu'est-ce que l'amour, s'il n'est pas le sacrifice et la patience ? Regardez en face, avec calme, l'obstacle que vous voulez renverser ; vous finirez par trouver un moyen de le tourner. N'essayez pas de conquérir le bonheur de haute lutte, mais dites-vous qu'il est un résultat de petites conquêtes successives faites sur soi-même. Attendez tout du temps et ne vous étourdissez pas.

Je continuai sur ce ton, et j'entrai dans des détails précis, pratiques; je traçai, pour ainsi dire, l'hygiène du traitement moral à suivre.

André se remit et me parut dans de bonnes résolutions. Il me remercia avec sincérité et me donna sa parole formelle qu'il n'agirait plus désormais qu'en homme d'honneur.

En effet, les jours suivants il fut plus assidu au bureau et ne remit pas les pieds au casino, malgré les sollicitations de son jeune ami, qui ne pouvait s'expliquer ce changement soudain. André prétextait toujours quelque travail fortuit et persistait dans ses bonnes résolutions.

Je m'applaudissais du succès de mes conseils, et je remerciais Dieu de ce qu'il avait daigné toucher de sa grâce cette pauvre âme en peine, lorsque je m'aperçus que j'étais épié au couvent et qu'on s'y livrait, sur mes fréquentes sorties, à des commentaires désagréables. Force me fut donc de rester quelque temps sans voir André ; mais je demeurai plein de confiance dans ses promesses et presque tranquillisé sur son état.

Hélas ! je m'abusais. En touchant hardiment au vif de son mal, à sa loyauté périclitante, je l'avais soulevé. Il eût fallu rester auprès de lui pour le soutenir.

J'eus bientôt une preuve effroyable de mon erreur. J'avais amené, pour quelques jours, ce calme qui précède d'ordinaire les terribles convulsions de la tempête.

Le matin du mardi gras, vers dix heures, Mosès donna congé, pour toute la journée, aux commis de la banque. Il retint André, pour le prévenir que, devant se rendre immédiatement à L..., pour affaires, et ne pensant revenir que fort tard dans la nuit, il le priait de coucher au bureau, à cause des paiements considérables à faire le lendemain.

— C'est un sacrifice que je vous demande, mon cher André ! Vous aimeriez mieux, sans doute, passer cette soirée au casino ? mais je ne puis assurer ma tranquillité qu'aux dépens de vos plaisirs. Cette nuit, plus que jamais, il faut un homme à la maison !

André répondit en employé soumis et dévoué. Il n'avait pas de projets; il serait heureux de rassurer son patron.

Mosès, plein de confiance, monta dans la voiture qui l'attendait à la porte.

— Je vous revaudrai cela, mon ami, dit-il à André en le quittant: je vous ferai faire votre carnaval à mon retour.

Le jeune caissier mit en ordre les papiers de son bureau, termina quelques comptes, et sortit.

La servante courut après lui dans la rue.

— A quelle heure rentrerez-vous, monsieur? lui demanda-t-elle.

— Je ne puis vous le dire au juste, répondit-il; mais, de bonne heure. D'ailleurs, vous pourrez vous coucher, j'emporte la clef.

La journée s'annonça, pleine de bruit, de masques, de poussière.

André passa deux heures au café à lire les journaux, en s'ennuyant considérablement.

Une bande de masques, qui fit irruption dans la salle, le fit penser tout à coup au prince Tor...

— Je vais voir s'il est revenu! dit-il.

Il se dirigea vers la maison du vieux philosophe. Précisément, le railleur implacable, guéri de son rhumatisme, était arrivé depuis la veille.

Il accueillit parfaitement André.

— Où en sont les amours? lui demanda-t-il.

— Au même point, répliqua André, qui lui raconta sa visite au vicaire et les tortures qu'il avait subies.

— Il s'agissait donc sérieusement de mariage?... Hum! ce vicaire est un homme d'esprit, qui vous empêche de faire une sottise. Je vous dirai ce soir ou demain mon opinion sur votre héroïne et ce qu'il faut en penser. En attendant, prenez votre mal gaiement. A votre âge, le mariage est une chaîne, ou mieux, ce sont des ailes de papillon. Ne vous mariez pas, et, si je n'étais fiancé, je vous dirais : — Cédez-moi votre belle!...

André fit un mouvement.

— Qu'est-ce qui vous fait regimber? L'annonce de mon mariage? Je vous avais dit que je finirais par faire cette folie. J'ai bien peur de la faire complétement et d'épouser une honnête femme! Ce n'est pas de la chance pour un mauvais sujet comme moi! Que voulez-vous? elle est artiste et grande dame jusqu'au bout des ongles!... Après tout, elle me trompera peut-être pour un ténor!... Vous dites que votre belle s'appelle?

— Hélène Costa.

Le prince écrivit ce nom sur un carnet.

— Je vous dirai, ce soir ou demain, si vous faites bien de vous entêter, si la belle vaut un serment, une abjuration; et, s'il ne faut qu'un coup d'épaule pour vous pousser dans l'étable des gens mariés, *per Bacco!* je vous y pousserai. Nous nous consolerons ensemble!

André quitta le prince avec une alarme secrète, un pressentiment. Il se rendit tout troublé à son auberge. L'hôte lui remit une lettre très-pressée.

— J'ai envoyé à la banque, dit-il, pensant que vous y étiez, et, comme on ne vous y a pas trouvé, on a laissé le message.

André se hâta de briser le cachet. La lettre ne contenait que deux lignes écrites par la mère d'Hélène :

— Venez, monsieur, aussitôt que possible, j'ai une communication pressante à vous faire !...

André prit vivement son chapeau et courut chez ces dames.

XIX

Madame Costa était levée et habillée. Hélène, assise auprès de la fenêtre, accoudée, tenait un mouchoir sur son visage. André sentit au cœur un froid glacial.

— Qu'avez-vous donc ? demanda-t-il.

La mère prit la parole d'un ton triste, dolent, larmoyant :

— Mon pauvre André, il faut nous dire adieu ! dit-elle.

Il pâlit affreusement.

— Adieu ! s'écria-t-il.

Elle contiuua :

— Il le faut ! je vous l'avais bien dit, mon

ami, qu'on n'échappe pas aux calomnies d'une petite ville... On parle mal d'Hélène. Ma fille est compromise. Elle l'a cruellement éprouvé hier. C'est ma faute, je le sais; j'aurais dû montrer de la fermeté, et je n'ai laissé voir que de la faiblesse. Je sais combien vous avez souffert, mon ami; contre quelles impossibilités vous luttez en vain, et j'ai voulu aider à votre courage. Je sors de chez Monseigneur... J'avais cru que, s'il voulait permettre que l'abjuration restât secrète, nous parviendrions ainsi à concilier nos désirs avec les intérêts de votre position. Monseigneur m'a désabusée. Je me suis jetée à ses genoux; c'était la seule chose que je pusse faire. Je l'ai ému, je ne l'ai pas vaincu... Ah! je suis bien punie d'avoir manqué à mon devoir de mère par amour pour vous deux. Je suis devenue la risée du monde. Mais c'est en vain que nous nous désolons, le mal est fait, il est irréparable. Du moins, il nous reste la liberté d'aller pleurer ailleurs, loin des regards insolents et des moqueries. Nous allons quitter cette ville, Hélène et moi; nous partirons demain probablement. Je vous ai prié, mon cher André, de venir recevoir, avec nos adieux, l'assurance de nos regrets. Je n'ai pas la force de vous rien dire de plus !...

Et madame Costa, faisant jouer ses poumons, s'assit comme si elle était suffoquée.

André savait bien que depuis longtemps c'en était fait de son bonheur, et Dieu seul connaissait les déchirements, les deuils, les sanglots, les blasphèmes, les détresses de son âme.

André n'était pas résigné, il était évanoui dans sa peine. Quelque chose le soutenait, une seule chose : Hélène ! Elle était là, elle existait près de lui, il pouvait la voir de loin en loin, à la vérité, mais la voir enfin. Il pouvait se dire : « Cet air qui m'étouffe, c'est l'air qui la fait vivre ; ce pavé, qui me brûle, est le même pavé qui la porte ; je le foulerai pour la rencontrer quelquefois. Elle est perdue pour moi, je le sais ; mais je la verrai, je verrai le toit qui l'abrite. Je passerai mes nuits à regarder sa fenêtre : il me sera du moins permis de coller mes lèvres sur les marches de sa maison, et, à ce prix, je veux bien ne pas mourir.

Mais jamais il ne lui était venu à la pensée qu'il était possible qu'un jour il ne la vît plus, qu'elle ne respirât plus cet air, qu'elle ne foulât plus ce pavé, et que cette maison ne l'abritât plus. Cela était au-dessus de tout ce qu'il avait pu prévoir. Eh bien! cela était arrivé : ce clou manquait à son supplice; la fatalité le lui enfonçait dans les chairs.

— Non, s'écria-t-il, vous ne partez pas; je ne veux pas le croire. C'est pour rire, n'est-ce pas? ajouta-t-il, en riant lui-même d'un rire fiévreux. Il ne faut pas jouer ainsi, madame, vous m'avez presque tué.

Le silence d'Hélène et de sa mère le terrifia.

— Voyons! c'est donc vrai? c'est donc vrai? Oh! quel coup!

Il s'appuya au mur, et, croisant les deux mains sur son cœur, il demeura quelques instants immobile comme une statue.

Mais les sanglots soulevèrent, déchirèrent

tout à coup sa poitrine. Il tomba à genoux, pantelant, les bras étendus et criant :

— Par pitié! ne partez pas! Si vous vous en allez, je meurs, je me tue. Ah! c'est trop, c'est la fin de ma vie. Faites-moi cette grâce, je vous en conjure... Ayez un peu de patience, Dieu se lassera de me frapper. Hélène, ma chère Hélène, si vous m'aimez, vous ne pouvez pas me quitter... Se séparer de ce que l'on aime, est-ce possible? Les forces humaines vont-elles jusque-là?... Vous ne répondez pas... Hélas! je vous comprends! On a été méchant pour vous, injuste, cruel!... A-t-on été meilleur pour moi? Vous partez! laissez-moi vous suivre. Je m'attacherai à vos pas. Où vous irez, j'irai; je mendierai, je me ferai valet. Accordez-moi cette faveur suprême, je vous en supplie.

André se retrouvait pur, naïf et aimant avec candeur dans cette crise suprême. La douleur avait pénétré dans son âme jusque sous le limon et l'avait soulevée. Mais, en perdant sa perversité acquise, il perdait aussi sa force, il était redevenu un enfant.

Le malheureux se traîna jusqu'aux pieds d'Hélène, qui détournait obstinément la tête. Il entoura de ses deux bras la chaise sur laquelle elle était assise, il la serra avec frénésie, la poitrine haletante, les cheveux épars, le visage inondé de pleurs, jetant des mots entrecoupés, jusqu'à ce qu'enfin, suffoqué, il s'affaissa complétement sur le plancher.

Quand il revint à lui, il aperçut la mère qui lui frottait les tempes avec du vinaigre; ses yeux cherchaient Hélène, qui n'était plus là.

— Du courage, mon ami, lui dit la bonne dame tout en continuant à le frictionner; du courage, au moins en face d'Hélène que votre état désespère. Elle est bien malade. Du courage! Nous prierons la Madone de vous envoyer des consolations. Nous vous écrirons, je vous le promets; mais vous ne devez pas nous suivre. Il faut que vous me juriez de ne point faire cette folie, qui achèverait de perdre Hélène, sinon je vous cacherai le lieu de notre résidence.

André se leva. Il paraissait remis, mais une

agitation nerveuse qui ne devait plus cesser secouait tous ses membres, ses lèvres tremblaient.

— Quand partez-vous? dit-il d'une voix sourde.

— Peut-être demain.

Il fit quelques pas dans la chambre, promena de tous côtés des yeux hagards, et se couvrit le front de ses deux mains. Il resta ainsi, dans une sorte de stupeur, pendant quelques minutes; puis il reprit du même ton lugubre :

— Vous me permettez de venir vous dire adieu?

— Oui, répondit-elle en le regardant fixement. Mais vous m'effrayez. Que voulez-vous faire?

— Rien. Je m'en vais; je reviendrai demain matin.

— Au nom du ciel, songez à la position d'Hélène!

— J'y songe, dit-il. A demain, madame.

Et il sortit lentement, solennellement, à pas égaux, comme un somnambule.

L'âme a des mystères qui défient toute étude. Il n'est plus permis à l'homme d'y pénétrer quand le maître y travaille.

André s'en alla de ce pas régulier, paisible, vers la campagne, comme s'il était heureux et qu'il eût besoin de s'épancher au sein de la nature. Il marcha beaucoup, il respira l'air, il le but, il s'en nourrit; il ne pensa pas, il ne permit pas à son cerveau de réclamer une minute de méditation. Quand il eut l'instinct de rentrer, on pouvait le croire tout à fait calme.

La nuit était venue. André aperçut de loin les illuminations du théâtre et entendit, en traversant la place Saint-Jacques, la musique bruyante du casino. Il resta près d'une heure dans sa chambre, la tête dans ses mains : il refusa de souper.

Au sortir de l'auberge, il tira sa montre. Huit heures sonnaient.

— C'est trop tôt pour rentrer à la banque, se dit-il à demi-voix, doucement, comme s'il eût voulu se conseiller, se persuader.

La pluie tombait fine, glaciale. Au tournant

de la rue, il heurta quelqu'un. C'était son nouvel ami, ce jeune commis de la poste qui s'était jeté à son cœur dans le Casino.

— J'allais chez vous, dit le nouveau venu. Où vous êtes-vous donc caché toute la journée? Je vous ai cherché partout. Je vous tiens, je ne vous lâche plus. Cette fois, vous ne me ferez pas visage d'enterrement. C'est la dernière nuit de liesse, mon cher ami; demain, c'est le carême; nous préparons au carnaval de magnifiques funérailles. On soupe, on se costume, on se masque. Nous intriguerons, après *les truffes,* les jolies femmes du pays.

André résista.

— Merci! dit-il; impossible d'accepter.

— Impossible! pourquoi cela? Où prenez-vous ce mot *impossible?* Avez-vous un rendez-vous qui dure toute la soirée?

— J'ai, en effet, un rendez-vous avec la caisse de Mosès, qui est absent pour toute la nuit, et à qui j'ai promis de coucher à la banque.

— Eh bien! vous coucherez à la banque.

Mais vous couchez-vous donc à huit heures ?

— Non, à dix heures.

— A dix, à onze, à douze ! à l'heure que vous voudrez, à la condition que vous viendrez d'abord trinquer avec nous. Je ne puis retourner seul au casino, présentez vos excuses vous-même à ces messieurs !

— Qu'à cela ne tienne ! Jusqu'à dix heures, je suis à vous. Où allons-nous ?

— Au café d'abord, puis au casino.

Quand ils entrèrent à l'Académie, toutes les salles étaient pleines de monde. On étouffait. Ils eurent beaucoup de peine à pénétrer dans un couloir encombré de costumes et de masques. Une femme leur présenta deux dominos.

— Comment ! demanda André, il faut endosser cela ?

— C'est de rigueur. L'habit noir est sévèrement défendu.

André prit docilement un domino ; il eut peur de choisir un loup, un masque noir. Par une naïveté bizarre, il chercha, parmi les visages de carton, une figure gaie, un rire épanoui.

— Allons! cadavre, murmura-t-il en payant son masque, sois joyeux et deviens fou comme tous ces sages !

Ils pénétrèrent dans la salle de bal.

— Je cherche nos amis, dit le jeune commis en s'éloignant. En attendant, promenez-vous dans la salle, nous vous rejoindrons.

André se trouvait au bal sans avoir eu conscience d'y venir. Bousculé, pressé, provoqué, il regardait avec hébêtement, se disant tout bas :

— « Je vais rentrer !... je vais rentrer ! » comme si ces mots eussent signifié qu'il allait sortir du monde et mourir.

Au bout de quelque temps, une lueur de raison lui fit comprendre qu'il serait mieux au café pour attendre les gens auxquels il voulait présenter ses excuses. Mais, pour se rendre au café, il fallait traverser la salle de jeu. C'était le piége, c'était l'abîme !

Et pourtant, au premier aspect, André

s'arrêta, presque épouvanté. Un frisson rapide parcourut tous ses membres.

Autour de la longue table de la roulette se tenait debout, immobile, silencieuse, une triple rangée de personnes aux costumes multicolores, aux masques bizarres. Loups sévères, faces hideuses, contorsions impossibles nivelant la douleur et la joie, cachant les sentiments comme les figures, et dérobant au regard peut-être bien des larmes qui coulaient sous les grimaces de carton.

On n'entendait que le bruit des pièces, de la bille qui tournait, et, par intervalles, la voix aigre du croupier disant : « Faites le jeu, messieurs ! » A côté, la musique vibrante de l'orchestre et les piétinements des danseurs. C'était lugubre !

XX

On jouait gros jeu. Le tapis était couvert d'or.

André se sentit pris subitement par l'ivresse. Les sequins l'éblouirent; la roulette le défia de mesurer son amour horriblement meurtri à la passion du jeu. Il se souvint de ses gains, de ses pertes, de ses émotions passées; il ne se souvint de rien, au contraire; il vit la coupe funeste, il avait une soif ardente; il se pencha et but.

La bille venait de favoriser onze fois la couleur rouge. Une exclamation de surprise, un cri d'admiration pour ce monstre inconnu qui préside aux rouerioes de la chance s'échappa de toutes les poitrines. André se dit tout bas :

— Onze fois! une pareille veine me ferait riche et libre à jamais, l'égal de ceux qui m'écrasent!

Il tâta dans sa poche; il avait un billet de cent francs. C'était toute sa fortune, le reste de ses appointements.

Il jeta le billet qui, à peine posé, fut attiré par le râteau. Quoi! il avait perdu! était-ce possible? Une sueur froide couvrit son front. Il resta muet, pétrifié sous son masque qui souriait toujours, doucement, amoureusement, à la roulette.

— Faites le jeu, messieurs, cria le croupier.

André regarda avidement pour se consoler. O dérision! sa couleur venait de gagner.

— Si j'avais eu plus d'argent, pensa-t-il, je me rattrapais. J'aurais dû faire deux parts de mes cent francs.

Une idée terrible lui vint à l'esprit.

— Nous sommes au 26 du mois. Dans

quatre jours, j'aurai droit à la totalité de mes appointements mensuels ; je puis bien anticiper sur le paiement ; Mosès ne saurait me blâmer. . Lui-même, d'ailleurs, s'il était là, me dirait : Prenez-les... D'ailleurs, si je gagne !

Il disparut comme un éclair et, sans ôter son masque, il courut au bureau.

Dix minutes après, il était de retour, et cinq minutes après son retour, il avait vu disparaître, fondre, s'anéantir sa dernière pièce.

C'en était fait, l'abîme était ouvert ; André y descendait. Une chaleur insupportable parcourut tout son corps. Il n'osa pas ôter son masque de peur que la flamme ne jaillit de son visage. Sa respiration était haletante, sa gorge étranglée.

Une main le toucha à l'épaule. Il bondit comme si on l'eût atteint d'un fer rouge.

— Venez donc ! lui dit son ami du casino, ces messieurs vous attendent au café.

André secoua la tête sans répondre. A peine s'il comprenait.

— Vous ne m'entendez pas? reprit avec insistance le jeune commis.

— Je vous entends; allez sans moi, je vous rejoins.

— Ah! je comprends, vous suivez votre veine! Eh bien! bonne chance!

— Ma veine, murmura André.

Ce mot tomba comme une goutte glacée sur son cœur en ébullition et y fit descendre soudain un calme terrible, une froideur sépulcrale. C'est un des phénomènes les plus inconcevables, mais les plus ordinaires de nos facultés que ces catalepsies subites du désespoir qui permettent au désespéré de mesurer son malheur, de le raisonner et presque d'en jouir.

André se dit nettement que tout retour en arrière était impossible, qu'il n'avait plus rien à tenter, à chercher, à espérer; qu'Hélène était perdue pour lui, que tout était perdu d'ailleurs, que Dieu l'avait abandonné et qu'une sorte de point d'honneur, que la logique de la honte le contraignaient à poursuivre jusqu'au bout sa route.

Quant le torrent impétueux rencontre une roche de granit qui lui barre le passage, il s'arrête et semble frappé d'immobilité. Mais insensiblement l'eau monte, atteint la cime de l'obstacle et tout à coup se précipite.

Ainsi d'André. Ce calme n'était qu'un répit de sa fureur, sa fièvre le saisit de nouveau.

— Quoi ! lui criait le sang de ses veines, tu désespères ! Eh bien ! complète au moins par l'assouvissement ce désespoir mortel.

Tu es jeune, tu aimes, tu es aimé; meurs enivré d'amour; ne fais grâce de rien à cette vie mauvaise qui t'a pris bon, naïf, croyant, respectueux de toutes choses, et qui, sans nécessité apparente, t'a éloigné du bonheur. Esclave des petits préjugés, meurtri par le fouet des petites superstitions, tu vas saigner par toutes tes plaies : mais, sois roi au moins une heure, une minute; réalise, touche ton rêve, puisque tu as tant fait que d'en arriver jusque-là.

André était dans la plénitude de ses forces, décuplées par la simplicité, par la virginité de sa vie. Le taureau, qu'un premier coup n'a pas assommé, se relève furieux, frappe le sol, fouette l'air de sa queue et va se ruer pour un choc épouvantable si un second coup ne l'abat pas tout de suite.

La pensée, le délire, le sang, la chair d'André appelaient Hélène, la lui offraient à l'imagination tout entière, sans réserve. L'amour contenu éclate comme la haine. André ne savait pas au juste s'il aimait encore ou s'il haïssait. Mais il voulait mordre au fruit si longtemps respecté; il voulait le déchirer à belles dents; il avait un implacable besoin de souillure; il voulait voir Hélène; il ne pouvait supporter l'idée que la nuit se passât, et quelle nuit! sans qu'il l'eût vue.

Il sortit en chancelant. Il déposa son masque et son domino dans un coin.

— Reviendrez-vous, monsieur? Faut-il vous les conserver? lui demanda-t-on.

— Si je reviendrai? parbleu! oui, je reviendrai, dit-il très-sérieusement avec une grimace qui affectait de sourire.

Au bas de l'escalier il s'arrêta et posa son front brûlant sur la rampe de marbre.

Les rues étaient désertes; la pluie tombait toujours. André glissait sur les pavés. Quelques masques crottés qui couraient au théâtre passèrent près de lui en chantant.

— Oh! la belle boue! dit-il avec une sorte de soulagement.

Une nuit sereine, un temps superbe, l'eussent découragé.

Il y avait de la lumière chez Hélène; il sonna. La porte fut ouverte; il monta précipitamment.

— Comment! c'est vous? vous? si tard! demanda-t-elle avec inquiétude. Qu'est-il donc arrivé?

— Rien, répondit André d'une voix posée. Je passais, j'ai vu de la lumière, je n'ai pas voulu rentrer sans vous voir. Vous êtes seule?

— Ma mère est couchée... J'allais me mettre au lit.

Il ne vint pas à l'idée d'André qu'Hélène

était bien mise, ce soir de carnaval, pour renoncer à quelque projet de fête.

— Recevez-moi, je vous en prie, dit-il d'une voix plus saccadée ; vous me chasserez tout de suite.

Ils entrèrent dans une chambre éclairée à peine par une petite lampe de cuivre. Ils étaient seuls. Hélène n'offrit pas un siége ; elle examina le visage d'André et pâlit.

— Grand Dieu ! qu'avez-vous donc ? lui demanda-t-elle avec effroi.

— Ce que j'ai ? je suis fou ! dit-il en la regardant fixement.

— Vous me faites peur ! mon ami.

— Je ne suis pas votre ami. Écoutez, Hélène : tout l'amour dont est capable le cœur d'un homme, je vous l'ai voué. Vous êtes ce qui me fait vivre. Effrayé moi-même de l'impétuosité de cet amour, j'avais cru qu'il serait possible de m'éloigner de vous, je l'avais tenté. Mais mille tenailles m'ont retenu à la fois par toutes mes fibres. M'arracher d'ici c'était me tuer. Mon âme est en vous !... Plutôt que de partir, alors, j'aurais fait quelque effort exécrable; plutôt que de vous perdre maintenant, je commettrais un crime. Je suis dans une de ces minutes suprêmes où la passion vous étrangle et veut être tuée si elle ne vous tue. Faites-vous haïr ou aimez-moi.

— Mais vous êtes fou, André !

— Oui, je suis fou; je le sais bien, puisque je viens pour vous le dire. Il faut aujourd'hui, sur l'heure, entendez-vous, que vous m'apparteniez, malgré Dieu, malgré la terre. Il le faut ! il le faut !

Par un mouvement d'une irrésistible violence, il attira Hélène contre lui, et l'enlaça de ses bras.

Il était terrifiant et terrible.

— Oh ! laissez-moi, dit elle, en essayant de s'échapper.

— Non, tu es à moi !

— Pitié, André !

— Je t'aime ! je te veux ! je te tiens !

— Va-t-en ! va-t-en !

— Tais-toi, ou je te tue !

— Tue-moi! cela m'est bien égal!

— Oui, je te tuerai!... Mais après...

Hélène cria avec force : — Ma mère! ma mère!...

Des pas précipités retentirent dans la chambre voisine. André lâcha prise et courut vers la porte.

— Demain, cria-t-il, tu entends!... Demain, tu m'appartiendras dans la vie ou dans la mort!

En deux secondes, il fut dans la rue.

Dix heures sonnèrent.

Il alla chez Mosès et pénétra dans le bureau. Tout était tranquille ; le lit était préparé. Il n'alluma pas la bougie placée sur le bureau ; il voyait clair comme en plein jour.

Il prit les clefs dans sa poche, ouvrit la caisse, s'assit devant, et le duel commença, farouche, implacable, entre son dernier remords et le crime. Les piles d'or et d'argent, alignées sur les rayons du coffre-fort, dardaient sur lui des éclairs, et l'âme d'André tonnait.

Ses vingt années d'honnêteté arrivaient au

pas de course, rangées solidement en bataille, s'étalaient devant lui, et le regardaient avec un sourire si beau, qu'il passait la main dans ses cheveux pour résister à la tentation de leur montrer le poing. Le coffre était comme un tombeau béant; et, de la nuit amassée aux angles, il voyait surgir la belle figure de son père, qui semblait lui dire : — Pauvre enfant! comme tu es faible! Invoque-moi, j'arrive pour te bénir!...

Puis, c'était Mosès qui, à son tour, sans mettre en avant sa confiance, sa générosité, regardait si bien André, qu'André se courbait et s'étonnait de ne pas sentir des larmes plein ses yeux.

Il sembla au pauvre halluciné qu'une musique lointaine lui jouait l'air de la *Traviata*, et que, par une étrange association, sur cet air langoureux et tendre, des voix mâles, sévères, s'unissaient pour lui chanter :

— Tu souffres, mais sois content! c'est Dieu qui t'éprouve; il façonne ton âme pour la rendre meilleure. Nous sommes les garants de ta pureté. Ne nous inflige pas un démenti; résiste! Ne flétris pas, en cette minute, tes vingt années de vertu, d'illusions, de chasteté ! demeure dans ta pauvreté fière; gagne ton pain de chaque jour et l'estime quotidienne des gens de bien. Cette tentation-ci est la dernière, l'épreuve suprême. Quand tu l'auras vaincue, tu te sentiras invincible. Ce qu'il y a de souillé, d'impur dans ton amour, tombera, se détachera de toi. Tu resteras au-dessus des autres, parce que tu te seras élevé au-dessus de toi.

A leur tour les piles d'or du coffre-fort chantaient avec des trilles, des variations, des roulades, et elles disaient au malheureux André :

— Sais-tu ce que nous sommes? La puissance féconde à laquelle rien ne résiste. Nous payons tous les désirs, nous procurons toutes les joies; nous courbons les têtes les plus hautaines; nous meurtrissons sur le pavé les genoux les plus roidis. Nous voyons la vertu se vautrer, le mal disparaître dans la splendeur de la jouissance. Sans nous, tout n'est rien, et de rien nous faisons tout. Mais il faut semer l'audace pour recueillir le succès. La fortune n'appartient qu'aux audacieux et à ceux qui persévèrent dans leur audace. La jouissance ne veut pas des timides. C'est l'arc d'Ulysse. Il faut des poignets solides pour le tendre... Trempe tes mains dans l'or, et tu auras la force. Tu te plains de souffrir, et tu hésites en toute chose! Cette hésitation, cette lâcheté de ta jeunesse te condamnent. C'est bien fait! grelotte dans ta courte vertu, comme un mendiant dans ses loques. Va travailler, mercenaire! va pleurer, lâche! va te courber sous le bâton, bête de somme! A d'autres la liberté, le plein soleil, le plein amour! à d'autres les caresses de ta maîtresse!... Jamais tu ne retrouveras une pareille occasion! La fortune ne provoque jamais deux fois ceux qui la dédaignent. Regarde donc autour de toi; tout te favorise. Il est nuit. Mosès est loin. Qui te retient? qui t'empêche? La peur? Quelle peur?... Celle du vol? tu as peur d'un mot. D'ailleurs, ce n'est qu'un emprunt! Emprunte à cette caisse ce que tu lui rendras! Si tu gagnes, qui connaîtra ton emprunt? Et il est impossible qu'avec tant de fonds à ta disposition tu ne saisisses pas la veine, tu ne gagnes pas à ton tour !... Allons, jeune homme, à l'assaut de la jeunesse et de la vie ! Demain, il ne sera plus temps. Cette nuit, le jeu ferme; demain l'espérance et Hélène te seront irrévocablement enlevées. Quels regrets !... Et dire qu'une seule de ces piles contient peut-être ta fortune !... Voyons ! qui le saura ? Tu remettras la somme dans une heure ! Qui sait ! dans un instant. Tu as perdu aujourd'hui, mais tu as souvent gagné autrefois !...

André avait écouté cette voix-là beaucoup plus que les voix grondeuses ; il se baissa, saisit la première pile qu'il rencontra et bondit jusqu'au Casino.

XXI

En entrant, le pauvre fou redemanda son masque. Ce carton lui donnait du courage et lui ôtait des remords. On ne le verrait pas. Et, puisqu'il ne pâlirait pas devant le public, il aurait peut-être plus facilement raison de sa conscience.

Quand il fut dans la salle de jeu, André eut beaucoup de peine à ne pas jeter à la fois, sur le tapis, tout l'or qui pesait dans ses poches. Un reste d'instinct, une crispation de l'avarice, lui fit diviser les sommes. C'était de la stratégie naïve que la passion mit en déroute. Dix tours de roulette lui vidèrent les mains.

Il courut à la banque, avec son masque, haletant, soufflant, se mordant les lèvres, hideux sous cette figure souriante et rose. Il revint les mains pleines, perdit encore; retourna à la caisse et revint encore.

Il avait commencé, il fallait qu'il continuât. Le crime était entamé. Pourquoi s'arrêter à moitié? Un second vol couvrait le premier; un troisième couvrait le second; ainsi de suite, jusqu'au fond de la caisse. C'était nécessaire, logique, inévitable. Et puis, cette exécrable déveine ne pouvait durer toujours; au dernier sequin il se rattraperait.

Le croirait-on, il prenait une sorte de plaisir sinistre, désespéré, à voir cette constance, cet acharnement du sort. Il était donc quelque chose de bien puissant pour que la destinée lui donnât tant de coups! Mais il luttait vaillamment.

Il se croyait vaillant, le malheureux! parce qu'il ne sentait pas la fatigue; parce qu'il courait du casino à la maison de Mosès; parce qu'il portait légèrement tout cet or! Il ne comptait plus, il avait fouillé à pleines mains dans le coffre. Billets, guinées, dollars, sequins, il voyait tout ruisseler devant lui, sans s'inquiéter d'autre chose que d'attendre l'arrêt de la bille. On le regardait avec admiration, sans le reconnaître. L'impassible râteau, en attirant chaque fois la mise, ne paraissait pas ému de ce surcroît de bénéfice. On eût dit que tout se passait régulièrement. Ce masque, au beau visage, était un beau joueur ; personne ne voyait sous le carton.

Debout, devant la table, inondé de sueur, lançant des regards terribles, fixé au parquet comme un soldat sur une brèche en flammes, il jetait sa mise, et n'avait pas besoin de se baisser une fois pour la ramasser.

Il ne s'arrêta que lorsqu'il n'eut plus rien. Une imprécation féroce, ignoble, s'échappa de ses lèvres. Il s'aperçut alors que le masque lui-même s'était ému, c'est-à-dire que, sous l'influence de cette double chaleur, le carton s'était mouillé, décomposé. Le visage emprunté pesait maintenant sur le visage vrai. André voulut arracher cette pâte. En y portant la main, il vit qu'il lui restait une bague. C'était sa suprême ressource ; c'était peut-être le salut et la revanche. Il tira sa montre, arracha sa bague, le seul joyau qui lui vînt de son père, et dit, en les tendant :

— Qui veut m'acheter cela?

Un homme prit les bijoux, les examina, les soupesa et dit :

— Six louis!

— Donnez!

André jeta les six louis au hasard ; ils tombèrent sur *noir ;* la bille s'arrêta sur *rouge.* C'était le dernier acte du drame.

André se sentit parcouru par un serpent glacé, qui, des pieds, lui montait au cœur, pour le mordre. Il s'éloigna roide comme un cadavre, sortit de la salle, et quand il fut derrière la porte, il arracha son masque, qu'il pétrit dans sa main. La marchande de costume le vit.

— Vous en faut-il un autre? lui demanda-t-elle en s'avançant.

Il hocha la tête, mais il ne savait pas ce qu'il répondait.

Au même moment quelqu'un lui prenait le bras. C'était le prince Tor...

André éclata d'un rire aigu, terrible.

— Ah! ah! vous arrivez bien, prince! j'ai besoin de votre morale : je suis à sec!

— Voulez-vous ma bourse?

André faillit répondre : — Si je voulais votre bourse, je vous la prendrais!... Il dit seulement :

— Vous êtes généreux!...

— Pour les vices, toujours, mon ami; je vous apporte la chance.

— Ah! vous venez tard!

— On vient quand on peut... Je sors du théâtre; j'y ai vu votre belle. Ah! vous pouvez jouer maintenant, vous serez heureux au jeu.

— Je suis donc bien malheureux en amour! balbutia André, qui se croyait à bout d'émotions, et qui, pourtant, sentait venir la peur.

— Cela dépend du point de vue, reprit le prince. A votre place, je serais content.

— A ma place?... répéta André.

— *Povero!* vous avez donné dans le piége. Je m'en doutais un peu. Le premier venu, interrogé adroitement, m'a tout appris. Voilà une fameuse occasion d'avoir de l'esprit. Votre héroïne, votre Hélène, n'en pouvait plus de son rôle.

— De son rôle?

— Eh bien! oui, la belle enfant se moquait de vous. Elle est l'instrument d'une coterie... Votre chaste demoiselle n'est qu'une *fille!* et je viens de la voir, soupant au théâtre, avec ses amants.

André eut un cri de bête fauve. Il saisit, avec ses deux mains, les deux poignets du prince, et lui dit, en grinçant des dents :

— Vous êtes le diable !... Savez-vous ce que je viens de faire? un crime énorme! j'ai ruiné mon maître, j'ai volé!... pour elle. Vous mentez! Hélène est chez elle.

— Enfant! murmura le prince, en se dégageant, et sans paraître choqué d'une injure si excusable...

— Je vous dis qu'Hélène est chez elle, je l'y ai vue ce soir.

— Eh bien ! allez au théâtre, à la loge numéro vingt, vous la verrez encore.

André n'en entendit pas davantage. Il retrouva des forces ; et, quittant brusquement le prince, il sortit en courant du casino.

Le bal était dans toute sa fureur ; on ne dansait plus, on trépignait. Les détonations de l'artillerie du champagne répondaient, du fond des loges, au tonnerre de l'orchestre. On hurlait. L'atmosphère était suffocante. André fendit la foule comme une flèche, et alla heurter, de tout son poids, la porte du numéro vingt.

On n'ouvrit pas.

D'un coup de pied formidable, il fit sauter les planches, et bondit dans la loge.

Deux jeunes gens, et une femme masquée d'un loup, étaient installés autour d'une petite table, chargée de vins.

Les trois convives demeurèrent stupéfaits devant cette apparition. La femme jeta un cri.

André reconnut le jeune homme qu'il avait vu le soir de la *Cenerentola*.

Aussi rapide que l'éclair, sa main s'abattit sur le visage de la femme, dont le masque de satin vola dans la salle. C'était Hélène !...

Des cris retentirent. Il y eut un bouleversement, des soufflets, une lutte; puis, André se trouva dans la rue; les mains saignantes, la bouche amère, ne se souvenant plus.

La pluie avait cessé. De grands nuages noirs, aux formes fantastiques, glissaient dans le ciel sombre, et, par intervalle, la lune, toute rouge, apparaissait avec des reflets sanglants.

André vacillait; il était ivre ; il voyait la rue *tanguer*. Des milliers d'étincelles l'enveloppaient et pleuvaient sur lui. Les sons aigus de la musique, pareils à un rire démoniaque, lui perforaient le crâne, comme la mèche cruelle du trépan.

Pourtant, il eut la force de regagner l'auberge. Là, aussi, la fête mettait tout en branle ; il y avait foule dans les salles. On faisait un tapage d'enfer. Dans les cuisines, c'était une profusion indescriptible de casseroles, de plats, de viandes, de marmitons, de garçons, bousculant, emportant les mets et les bouteilles. André s'approcha du comptoir où trônait l'hôte, occupé de ses additions :

— Ma clef, dit-il.

— Vous voilà, monsieur André, fit le bonhomme sans lever la tête, et tout en écrivant : cinq et quatre font neuf... Vous voulez souper?... Et trois font douze... Je pose deux... Vous venez du bal?... et je retiens trois...

— Ma clef? reprit le malheureux.

— Tout de suite... Total... Joseph, le lapin du numéro six est-il aux oignons?

— Non, patron.

— Bien... plus, oignons, quarante centimes. Il y a du monde là-bas... Total : trente-sept francs vingt centimes... Joseph, emportez! Vous voulez votre clef, monsieur André : la voici avec la lampe... Qu'avez-vous? vous êtes bien pâle! c'est la fatigue... Vous aurez trop dansé. Il faut vous reposer. Si vous avez besoin de quelque chose, vous sonnerez... attends, Isidore! veux-tu laisser les tartes?

Dès qu'il fut dans sa chambre, André se laissa tomber sur un siége, devant son lit, les yeux fixes, les lèvres tremblantes. Il resta ainsi abruti pendant près d'une heure; puis il se leva, alla droit au coin où se trouvait sa valise, y fouilla et en tira un vieux pistolet. Il l'avait apporté de son pays, c'était un souvenir. Son père et lui s'étaient souvent amusés avec cette arme à tirer à la cible dans le jardin du presbytère. Il n'y avait jamais touché depuis. La poudre, les capsules et les balles étaient encore enveloppées dans une vieille lettre de son père.

Son père!

Il versa la poudre dans le canon et y poussa une balle. Après l'avoir amorcée, il mit l'arme dans sa poche, boutonna sa redingote. Ensuite, il prit une feuille de papier, s'assit à la table et commença à écrire :

« Monsieur Mosès. »

Au même instant un coup violent fut frappé

à la porte de la chambre et une main furieuse l'ouvrit aussitôt.

André se leva hagard. Mosès était devant lui.

Le juif paraissait grandi d'une coudée; ses cheveux blancs hérissés l'entouraient d'une auréole.

Il ne dit qu'un mot, un mot terrible :

— Les clefs?

André resta muet.

— Les clefs? tonna Mosès, en avançant d'un pas qui fit sonner les vitres.

— Quelles clefs? balbutia André d'un air stupide.

— Les clefs de ma caisse.

Le malheureux saisit vivement son pistolet et, avançant la tête comme s'il la présentait au bourreau, il dit :

— Elle est vide.

— Vide?

— Vide!

Une horrible couleur de plomb se répandit sur le visage du juif. Ses bras se levèrent, ses lèvres s'agitèrent, une convulsion ébranla tout son corps et deux mots seulement s'échappèrent à travers le râle de sa gorge :

— Le bagne ! l'échafaud !

Puis, il tomba roide sur le plancher.

André, éperdu, jeta un cri effroyable et s'enfuit.

XXII

Pendant ce temps, une scène plus épouvantable peut-être se passait au couvent.

La journée avait été marquée par un va-et-vient inaccoutumé. Monseigneur le vicaire était venu trois fois et s'était entretenu longuement avec le prieur et le père Guillaume.

Le père Guillaume avait été rendre visite aux dames Costa, et j'appris dans la matinée de ce jour sinistre que le gros moine était l'oncle d'Hélène. J'entrevis dès lors un piége, je soupçonnai une partie de l'abominable vérité.

Messieurs Deffely, les banquiers, les amis de la communauté n'avaient pas manqué non plus de venir au monastère. Ils paraissaient joyeux... Depuis longtemps mes illusions s'étaient dissipées. Je connaissais les hommes avec lesquels je vivais. J'avais vu et entendu trop de choses pour avoir conservé aucun doute sur les sentiments et les passions qui s'agitaient dans cet Érèbe.

Malgré tout, je restais; mais je m'étais fait une vie à part de recueillement et de prière, avec d'autant plus de facilité que les moines s'éloignaient instinctivement de ma personne. Ils me détestaient et je les méprisais. Cependant, ils respectaient les apparences du bien.

Dans le monde, toutes les lèvres blasphèment; chez les moines, du moins, on pouvait prier. Je les savais vils, je ne les croyais pas infâmes.

Depuis quinze jours, je n'avais pas vu André. Quoique je fusse libre de sortir, sachant avec quelle malignité on épiait mes démarches, j'attendais mon jour de quête pour aller lui serrer la main et exhorter son courage.

Cependant, ce jour-là, de noirs pressentiments me bouleversèrent. Vingt fois je fus sur le point de courir chez André, de lui dire :

— Que craignez-vous? Que se trame-t-il contre vous?

Et puis, je craignais de l'alarmer en voulant le rassurer.

Ce que je vis le soir augmenta mon trouble. Le père Guillaume sortit vers dix heures; j'eus la certitude plus tard que, sous un déguisement, il avait été au casino, qu'il connaissait le nouvel ami d'André, que le jeune commis, en poussant le caissier de Mosès vers la salle de jeu, avait scrupuleusement obéi aux profonds calculs des moines, et qu'enfin lui-même, le père Guillaume, il avait assisté à cette scène lamentable de la chute, du crime d'André.

On soupait à dix heures, et après le souper on sonnait la cloche du couvent. Ce soir-là, on ne soupa point et la cloche resta muette. Les moines se promenaient par groupes en chuchotant ; le prieur veillait dans sa cellule.

A une heure et demie de la nuit, un domestique des MM. Deffely arriva, portant sur sa tête un grand panier chargé de vins, et peu après, le père Guillaume rentra.

On se pressa autour de lui; le prieur descendit rapidement.

— C'est fait! cria le moine essoufflé.

Aussitôt, comme si ces paroles eussent été un signal, les flammes du fourneau illuminèrent la cuisine, et les frères servants dressèrent la table.

Le prieur et le père Guillaume, entourés des moines, causaient à voix haute.

— Ainsi, tout s'est bien passé?

— Mieux qu'on ne l'espérait.

— Le juif?

— Ruiné... demain la banqueroute.

— Le jeune hérétique?

— Il sera aujourd'hui entre les mains des gendarmes, et l'on verra s'il y a de la probité hors de l'orthodoxie!

— Et... Hélène?

— Elle en sera quitte pour un horion. Il voulait la tuer. La pauvrette a eu bien peur...

C'est égal, je suis aise que ce soit fini, car Hélène...

Ce nom fut pour moi un éclair sinistre.

— Que dites-vous d'Hélène ? m'écriai-je hors de moi.

— Vous êtes malade, mon bon frère ! répondit ironiquement le gros moine.

— Parlez ! repris-je ; c'est d'André qu'il s'agit.

— De lui-même, très-cher frère.

— Que lui avez-vous fait ? Où est-il ? oh ! mes pressentiments !

— Vous voulez le savoir ? s'écria le prieur avec une voix triomphante, eh bien ! sachez-le. Il est où vont les infidèles, les apostats, les renégats, au crime et à la mort. Ce que nous avons fait ? Une œuvre agréable au Seigneur. Nous avons combattu les rebelles avec leurs propres armes, le juif par l'hérétique et l'hérétique par le juif. Tous les deux sont écrasés maintenant. Ainsi, Dieu fait servir à ses vengeances les passions de ses ennemis pour la plus grande gloire de l'Église.

— Assez! vociférai-je exaspéré, assez! Je secoue enfin ma léthargie, je veux aller crier au monde entier votre forfait. O mon Dieu qu'on insulte, écrase ce repaire de bandits, frappe ces lâches!

Alors, fou, brutal, faisant de mes deux poings un moulinet terrible, je frappai à coups redoublés autour de moi sur les têtes, sur les visages, et je m'ouvris un passage au travers des moines.

Le père portier, avec sa taille herculéenne, voulut se poser en obstacle devant moi; je l'envoyai rouler à dix pas d'un coup de talon dans le ventre.

Les moines s'élancèrent à ma poursuite. Ma main rencontra une bêche, je l'empoignai, et l'élevant au-dessus de ma tête comme une massue :

— Le premier qui s'avance, criai-je, je l'assomme.

— Laissez-le, laissez-le, mes enfants, dit le prieur, c'est le diable!

Je pus gagner librement la porte.

A peine l'avais-je franchie que je me trouvai en face d'André.

A cette heure cruelle, il s'était souvenu de moi, comme du seul ami dont il pût attendre de bonnes paroles.

Je le reçus dans mes bras ; il était dans un état effrayant. Il grelottait, ses dents claquaient. Je le tins quelque temps embrassé. La tourmente grondait dans l'air comme dans son âme ; le vent hurlait dans les corridors du cloître, et, au loin, venait de la ville une rumeur joyeuse, l'éclat de rire du carnaval agonisant.

André fit un effort pour parler.

— Je sais tout, lui dis-je en posant mes lèvres sur son front.

Puis, je voulus l'entraîner.

— Non, ici! murmura-t-il en s'affaissant sur l'herbe; je n'ai plus de force... ici! j'y suis venu si souvent.

Je m'assis auprès de lui.

Il reprit d'une voix faible :

— J'ai voulu vous voir encore avant de mourir...

— Mourir, André !

— Oui, mourir ! Vous ne savez donc rien ? Ecoutez.

Cette narration acheva de l'épuiser : il put à peine articuler les derniers mots.

C'était irrémédiable. La situation repoussait tout secours; la terre le bannissait; j'essayai de l'élever vers le ciel. J'attirai sa tête sur ma poitrine, et, puisant aux sources de ma foi, je lui dis :

— André, la première idée qu'il faut écarter, c'est celle de mourir. Vous ne réparez rien, et vous n'expiez rien en mourant. Votre faute est énorme; mais croyez-vous qu'elle serait rachetée par votre mort? Pensez à votre âme. Fuir l'expiation, c'est se faire contumace. Vous devez accepter la vie comme un rachat et la subir comme une peine. Vous vous cacherez pendant deux jours dans la montagne; c'est le temps qu'il me faut pour faire venir les fonds nécessaires. J'irai trouver le prince Tor..., il vous prêtera...

— Non, je ne veux rien de cet homme.

— J'accepterai, moi... Vous quitterez ce pays nuitamment, je vous aiderai. Vous irez dans quelque coin retiré de l'Allemagne gagner votre pain à la sueur de votre front, vous faisant petit parmi les humbles et le serviteur des serviteurs. Tout vous manquera, bien-être, amitié, famille, et les douceurs de la vie et la paix du foyer et les joies de la conscience; tant mieux! Il faut qu'il en soit ainsi, que vous gravissiez seul ce rude calvaire, courbé sous la croix, abreuvé de larmes, haletant, suant votre crime en gouttes sanglantes. Quand tout s'est écroulé autour de l'homme, et que sa main cherche en vain un dernier appui, il suffit d'un seul cri poussé vers Dieu pour que Dieu se manifeste et se penche pour relever l'homme. André, le repentir est la plus puissante des prières! Repentez-vous et priez. C'est depuis que vous avez cessé de prier, mon pauvre enfant, que vous êtes tombé dans le mal, que vous êtes perdu.

— Dites : « Que j'ai perdu! » reprit André avec un sourire sarcastique. La vie est une roulette; j'ai mis sur la *rouge*, c'est *noir* qui est sorti!

— Vous blasphémez! ou plutôt vous souffrez trop, mon ami.

— Je blasphème! répéta André en me regardant avec des yeux d'une douceur touchante. Vous croyez? Oh! je ne veux pas blasphémer. Je n'ai à accuser personne, ni le ciel, ni la terre, mais moi seul.

— Voulez-vous prier avec moi, André?

— Je le veux bien.

Je le pris dans mes bras et je l'attirai doucement.

— Essayez! lui dis-je.

— Je veux bien essayer, mais je ne sais plus.

— Si, mon ami, on sait toujours; je m'unis à vous. Dites comme moi.

Nous nous agenouillâmes, et je commençai :

— « Notre Père, qui êtes aux cieux...

André fondit en sanglots.

— Mon père, mon père, s'écria-t-il, où es-tu? Comme tu dois souffrir si tu me vois! C'est toi qui m'avais appris cette prière. Entends-la, mon père, qui es au ciel.

— Il l'entend, n'en doutez pas, André. Allons, répétez avec moi.

Et le pauvre enfant répéta d'une voix qui me semblait déjà plus humaine :

— Notre Père qui êtes aux cieux...

Quand nous eûmes fini :

— Vous avez raison, me dit-il, je me sens mieux.

Une fièvre violente agitait ses membres et ses dents claquaient avec force. Je me mis à boutonner sa redingote dont je relevai le collet.

En ce moment, des chants retentirent dans le monastère. Je n'ose dire que ce fussent des chants de prière. On soupait joyeusement, et certains frères dont la voix était célèbre, se rappelaient les chansons mondaines pour fêter le carnaval.

— Ah! fit André, déjà *matines!* Comme ces nuits passent vite! Rentrez dans votre demeure de paix, mon bon père, et soyez béni pour vos bonnes paroles.

A la pensée de ce rapprochement infernal des bourreaux en fête et de la victime à l'agonie, je ne pus retenir plus longtemps les larmes de rage qui m'étouffaient.

— Vous pleurez! reprit-il en se jetant sur mon sein; vous pleurez pour un misérable comme moi! Ah! vous êtes bon, vous!

Je m'efforçai de dominer mon émotion.

— André, répliquai-je, voici l'aube. Il est temps de songer à vous cacher. Venez, nous chercherons un endroit où vous puissiez passer en sûreté la journée et la nuit.

Nous nous levâmes.

Le matin venait, une matinée superbe. Les jours de la pénitence voulaient faire honte aux jours de carnaval et de folie. André, que je soutenais comme un blessé, ne put s'empêcher d'aspirer à pleins poumons l'air frais de cette aurore. Un éclair passa dans ses yeux abattus; il allait peut-être expirer.

Une voiture qui sortait de la ville, et qui se dirigeait de notre côté, le fit tressaillir.

— On me cherche! me dit-il à demi-voix.

— Non, lui dis-je, c'est une voiture de voyage.

— Ils partent. Ah! s'ils pouvaient m'emmener!

Il fit quelques pas en avant et s'arrêta tout à coup : il avait reconnu de loin la voiture du prince de Tor...

XXIII

Quand André, dans une exclamation étouffée, m'eut appris le nom du voyageur qui allait passer près de nous, je ne pus m'empêcher de voir dans cette rencontre un secours inespéré. Le prince allait peut-être à la recherche de son ami. En tout cas, par principe, il était au-dessus de tous les préjugés et ne devait pas craindre de ramasser au passage ce malheureux écrasé.

— Dieu soit loué ! m'écriai-je, voilà le salut.

— Ah ! mon père, répliqua le pauvre André avec un accent navrant, je suis damné ; cet homme est un démon.

— Il n'est pas seul, dis-je en regardant avec attention dans la voiture. On dirait qu'il a avec lui deux dames.

André se redressa et grandit.

— Deux femmes !...

Il n'acheva pas ; un trouble étrange fit pâlir et verdir son visage. La pensée qu'Hélène et sa mère le cherchaient peut-être, l'amour, l'invincible amour, où plutôt ce mélange sans nom qui est la passion et qui se compose de toutes les violences, de toutes les colères, s'empara de lui, l'envahit par tous ses pores. Je le vis chanceler ; il voulait courir.

La voiture était à moitié découverte : elle venait rapidement de notre côté ; nous n'étions séparés de la grande route que par quelques buissons et un petit fossé. Il nous était donc très-facile de voir et de reconnaître les personnes qui passaient, au besoin même sans être vus.

André se penchait, appuyé sur moi.

— Non, non, dit-il, ce n'est pas elle... Oh ! bien oui, elle est débarrassée de moi.

Puis, je sentis qu'il crispait sa main dans la mienne.

— Oh! c'est bien plus étrange, bien plus terrible, mon père, murmura-t-il tout à coup. Cette femme... la voyez-vous là, à côté de cet homme, de ce monstre; c'est elle, celle que j'ai véritablement aimée, la seule qui m'ait révélé tout ce qu'il y a de bon et de grand en ce monde... Oui, je les reconnais... Oh! je suis maudit... je ne voulais plus la revoir.

Je crus qu'André avait le délire, je voulus l'attirer en arrière.

A ce moment, la voiture passait devant nous. Une femme jeune, jolie, parlait en souriant au prince de Tor..., et celui-ci, tout en écoutant, respirait négligemment un bouquet, celui sans doute de sa voisine.

— Je vous dis que c'est elle, me dit André tout bas, tant il avait peur d'être entendu. C'est la dame de la *Traviata,* celle qui m'a ouvert le cœur et qui l'a embaumé, empoisonné d'amour. C'est cette grande dame dont il m'a parlé, sa fiancée. Il l'épouse, cet homme qui ne croit à rien... et moi, le naïf... il me reste la *Traviata*... C'est elle... Adieu, toi qui m'as tiré de mon ignorance et à qui je dois tant de douleurs ! Adieu mon innocence, ma pureté, mon âme !... Cet homme a-t-il menti quand il m'a dit qu'il ne croyait à rien ? T'a-t-il menti, à toi, en te parlant d'amour ?... Vous le voyez, mon père ! Voilà le partage des destinées ; est-ce juste ?

André s'était peu à peu relevé, fortifié. La voiture passait et s'éloignait. Les deux êtres qui, au début et à la fin de son amour, avaient eu une influence aussi décisive sur sa destinée, s'en allaient insoucieux de lui, et lui les regardait partir comme le naufragé qui voit s'effacer dans la brume le radeau ou le bateau qui pouvaient porter sa dernière espérance.

Je respectai la mélancolie qui succédait dans André à l'abattement et à la surexcitation. J'avais quitté sa main, et, le contemplant avec toute la tendresse d'un cœur vraiment fraternel, je me demandais comment j'allais le sauver, le préserver. Il fit trois pas devant moi ;

puis, me montrant tout à coup sur la route des cavaliers :

— Les gendarmes ! s'écria-t-il.

Hélas ! au lieu de courir à lui, je voulus voir s'il se trompait. Pendant que je me détournais avec effroi pour regarder, un coup terrible retentit, et une masse tomba lourdement à mes pieds. André s'était fait sauter le crâne, sa cervelle tacha ma robe.

Je demeurai moi-même comme frappé par la balle. Les gendarmes s'approchèrent, prirent des notes pour un procès-verbal et l'un d'eux s'en alla.

Je rentrai dans le couvent, ne pouvant toucher à ce cadavre que les gendarmes gardaient pour la loi. Je n'avais plus de colère ; je me sentais empli d'un deuil immense.

Le prieur s'avança vers moi.

— André vient de se tuer à la porte du cloître ! lui dis-je ; que son sang retombe sur vous tous !

Le prieur me lança un regard flamboyant et me cria d'une voix impérieuse :

— Vous repentez-vous?

— Je partirai demain, répondis-je.

— Vous n'avez pas fait de vœux, vous êtes libre. Maudit soit le jour où vous vîntes troubler le repos de notre sainte maison !

J'allai m'enfermer dans ma cellule.

En ce moment, ô mon Dieu, pardonnez-moi, je doutai de vous. . . . .

. . . .

La terrible nouvelle se répandit subitement. D'ailleurs, toute cette petite ville était, pour ainsi dire, spectatrice et complice de cette épouvantable aventure.

Dès avant le jour, la porte du banquier fut assiégée par les créanciers de la ville, auxquels se joignaient à chaque instant ceux de la campagne, que des courriers étaient allés prévenir.

La servante éplorée ne savait que répondre. Deux médecins étaient au chevet de Mosès, qu'on venait de ramener chez lui sur une civière. Le vol était connu; on cherchait André, tout le monde était sur pied ; la police battait les environs.

Soudain ces mots : « Il est mort ! » retentirent de bouche en bouche avec une rapidité électrique. Le gendarme avait fait son rapport à la préfecture.

Une foule immense se précipita sur le chemin du monastère. On avait hâte d'insulter, de contempler cette victime que la férocité populaire, se prétendant infaillible, traitait en bourreau. A la vue d'André gisant à terre, sa fureur ne connut plus de bornes. Il échappait à la vengeance, le monstre, le lâche ! La rage débordait en imprécations et en blasphèmes. Ce fut une scène atroce. La Girella, qui perdait ses économies, rugissante, semblable à une furie, s'avança, saisit une grosse pierre et la lança à deux mains sur le cadavre en criant :

— Tiens, charogne !

La sépulture fut refusée au corps. L'Église opposait deux motifs dont un seul eût suffi : — l'hérésie et le suicide ! La police ne pouvait s'occuper de cela...

Dans la journée, un homme de la voirie vint jeter de la chaux sur le cadavre.

A dix heures du soir, André était toujours là, déjà putréfié, en pâture aux chiens de la ville.

Vers le milieu de la nuit, je pris le drap de mon lit, et m'armant d'une pioche, à l'aide d'une échelle, j'escaladai sans bruit le mur du jardin.

J'enveloppai en pleurant ces tristes restes ; je creusai un grand trou et je les enfouis dans le fossé du chemin. Après avoir recouvert la place avec des ronces et de l'herbe, je fis une prière...

. . . .

Les payements n'ayant point été effectués, la banqueroute fut déclarée.

Messieurs Deffely firent preuve alors d'un désintéressement extraordinaire, qui attira sur eux les bénédictions de toute la ville. Ils offrirent spontanément un concordat aux malheureux créanciers, leurs anciens clients.

Mosès n'est pas mort, il est fou ; mais la charité de l'Église ne l'abandonna pas. Sur la proposition de Mgr Vicaire, le chapitre des chanoines l'a fait admettre à l'hospice des vieillards. On le voit, chaque dimanche, devant le portique du Dôme, assis sur les marches, un grand chapelet dans les mains, et marmottant des prières.

Le prieur est mort; et si j'osais, je dirais : Moi aussi. Le père Guillaume est à la tête de la communauté.

Mgr Vicaire vient d'être promu au siége épiscopal de F...

A la porte de la maison qu'habitait le juif, on voit aujourd'hui un grand panonceau de cuivre sur lequel sont gravés ces mots :

DEFFELY FRÈRES, BANQUIERS.

Madame Costa a une petite rente. Hélène est toujours belle. A certains jours, elle est triste; on croit qu'elle aimait André.

FIN

PARIS. — IMPRIMERIE L. POUPART-DAVYL, RUE DU BAC 30.

www.ingramcontent.com/pod-product-compliance
Lightning Source LLC
Chambersburg PA
CBHW060409170426
43199CB00013B/2066